珍藏本

纪念版

汉译世界学术名著丛书

基督何许人也

——基督抹杀论

〔日〕幸德秋水 著

马采 译

2017年·北京

〔日〕幸德秋水　著

基督抹殺論

据东京明治文献社 1972 年版《幸德秋水全集》第 8 卷所载原文，并参考东京五月书房 1950 年版单行本译出

作 者 像

汉译世界学术名著丛书
（120年纪念版·珍藏本）
出 版 说 明

2017年2月11日，商务印书馆迎来120岁的生日。120年前，商务印书馆前贤怀揣文化救国的理想，抱持“昌明教育，开启民智”的使命，立足本土，放眼寰宇，以出版为津梁，沟通中西，为中国、为世界提供最富智慧的思想文化成果。无论世事白云苍狗，潮流左右激荡，甚至战火硝烟弥漫，始终践行学术报国之志，无改初心。

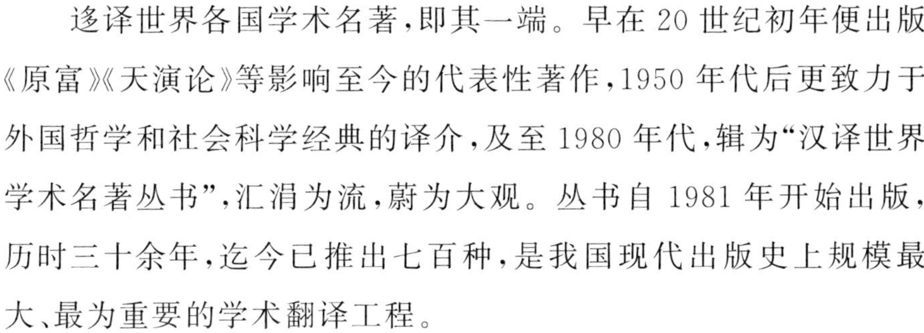

迻译世界各国学术名著，即其一端。早在20世纪初年便出版《原富》《天演论》等影响至今的代表性著作，1950年代后更致力于外国哲学和社会科学经典的译介，及至1980年代，辑为“汉译世界学术名著丛书”，汇涓为流，蔚为大观。丛书自1981年开始出版，历时三十余年，迄今已推出七百种，是我国现代出版史上规模最大、最为重要的学术翻译工程。

丛书所选之书，立场观点不囿于一派，学科领域不限于一门，皆为文明开启以来，各时代、各国家、各民族的思想与文化精粹，代表着人类已经到达过的精神境界。丛书系统译介世界学术经典，引领时代思想，为本土原创学术的发展提供丰富的文化滋养，为推动中国现代学术和现代化进程做出了突出的贡献。

为纪念商务印书馆成立120周年，我们整体推出“汉译世界学术名著丛书”120年纪念版的珍藏本，寄望既利于文化积累，又便于研读查考，同时向长期支持丛书出版的译者、编者和读者致以敬意。

两甲子后的今天，商务印书馆又站在了一个新的历史时间节点上。我们不仅要铭记先辈的身影和足迹，更须让我们的步伐充满新的时代精神。这是商务人代代相传的事业，更是与国家和民族的命运始终紧密相连的事业。我们责无旁贷，必须做好我们这代人的传承与创造，让我们的努力和成果不仅凝聚成民族文化的记忆，还能成为后来人可以接续的事业。唯此，才能不负前贤，无愧来者。

商务印书馆编辑部

2017年10月

出版说明

19世纪末20世纪初是资本主义在日本发展、壮大和向帝国主义转变的时期。随着资本主义大工业的发展，产业工人的出现与成长，社会主义思想开始在日本传播开来，并出现了早期的社会主义运动，成立了社会民主党。幸德秋水（1871—1911年）就是日本早期社会主义运动的理论家和先驱人物之一。幸德秋水，本名传次郎，生于日本高知县。他从青少年时代起便投身自由民权运动，曾拜自由民权运动的著名理论家中江兆民（1847—1901年）为师，深受其唯物主义哲学思想的影响。后来他从事新闻活动，接触到社会主义思想，并通过系统地研究社会主义理论之后，逐步成长为一位社会主义者。这个时期他组织过社会主义研究会（1898年）和社会主义协会（1900年）、创立过社会民主党（1901年）；日俄战争时期，他毅然投身于反帝反战斗争。不久，又与堺利彦（1870—1933年）合译和出版了《共产党宣言》的第一个日译本（1904年），并著书立说，大力宣扬社会主义思想。1905年后，在统治阶级残酷镇压面前，幸德秋水对国家机器满怀仇恨，加上受到当时无政府主义思潮的影响，便逐渐转变为无政府主义者。1911年他在日本统治阶级制造的所谓“大逆事件”中被处死刑，不幸离开人世。

幸德秋水一生留下了不少具有历史意义的作品。最重要的有三部:《20世纪的怪物——帝国主义》(1901年出版)是较早发表的揭露帝国主义罪恶本质的政论著作;《社会主义神髓》(1903年出版)是他系统地阐述社会主义理论的论著,被称为日本明治时代社会主义理论的代表作之一;《基督抹杀论》(1911年出版)则是他最后一部战斗的无神论著作。

作者在本书中,否定基督是历史人物,论述了圣经是传说和虚构的产物,批判了宗教采取的虚构历史、欺骗人民群众的伪善本质,从而有力地宣传了无神论思想。作者的锋芒所及,不仅批驳了一般的有神论,而且揭露了日本统治阶级制造的天皇制神话和以天理教为代表的形形色色的宗教迷信。本书在作者被害后第八天出版,一个月内七次重版,在当时的日本社会上发生过重大影响。

幸德秋水与中国的关系也很密切,他一向同情中国革命,并与留学日本的中国留学生建立过亲密的友谊。《共产党宣言》的早期中译本就是根据幸德秋水的日译本转译的。幸德秋水的主要著作《20世纪的怪物——帝国主义》(赵必振译,1902年版),《社会主义广长舌》(商务编译所译印,1912年版),《社会主义神髓》(二种,蜀魂遥译,中国留学生会馆社会主义研究会1906年版;创生译,东京奎文馆书局1907年版;新中国成立后商务印书馆1963年出版过马采的新译本)和《基督抹杀论》(狸吊疋译,北京大学出版部1924年版)都先后译成中文出版。

我们今天重译、出版这部无神论著作,不仅是为研究日本近代思想史提供基本文献,而且相信它对批判宗教有神论,宣传无神论,也会发生应有的战斗作用。

本书原名《基督抹杀论》，我们觉得不甚醒目，乃取“绪论”的标题“基督何许人也”用作中译本书名，将原名《基督抹杀论》作为副题。谨此一并说明。

商务印书馆编辑部

1981年12月

目　次

自　　序

我现在被关在东京监狱的一间房子里。今年四五月间，我住在相州汤河原山中，在养病期间，常常执笔写这篇稿子，以消遣时光，未及完成，偶尔发生了所谓触犯刑法第七十三条的案件，突然被拘捕送来东京，时在六月一日。

后来法院审讯非常繁剧，未完成的草稿白白被搁在监狱的堆房里，至今已五月。十一月九日好不容易预审作出了决定，宣布提交大审院公判。而我也就得稍有闲暇，乃特请借以笔墨，在监房中续写这篇稿子。

但无论在山中或在狱中，都不容易找到许多参考书籍，无法遍请识者赐予指教，加以公判之期迫在眉睫，更无可供推敲的时日。故论究考证尚失之于简疏，次序行文亦不免于芜杂。脱稿之后，通读一遍，觉得殆不及当初计划之一半，不禁为之骇然。以此问世，心中未免稍为忸怩不安。

反思我以蒲柳之质，久抱不治之痼疾，身居缧绁之中，纵使审判结果如何，未可预卜，能否重见天日，亦究不可期。那么，本书实在是十多年来以著述立身的我的最后文章，而又当是生前的遗稿，岂止鸡肋食之无味弃之可惜可比哉！

何况我国从来学者论客，从事基督及基督教的研究者虽大有其人，但尽我所知，却还未闻有否定作为历史人物的基督的存在，断定十字架是生殖器标志的变形。本书在这一点上幸能发前人所未发。即使叙说简疏，未惬人意，文辞芜杂，于心窃有所愧，但相信本书的趣旨目的，已能略具规模，对于世间有志于基督研究的人士，也许足以给予多少刺激和警觉。乃决心把它托付于二三亲友，将其付印出版。

诚然，这正是我最后的文章，生前的遗稿。这是在三叠一室[①]，没有一点火气，借着从壁顶上的小铁窗透过来的微光，耸动着病骨，呵着冰冻的毛笔写下来的。请原谅吧，读者！若欲旁征博引，拆微穿细，完成周到精致的大著，那只有待于后来的学者，不是我目下的境遇所容许的了。

幸德秋水识

明治四十三年(1910年)十一月二十日

① 叠，日本房间铺在地板上的草席，三叠，即三个单人床位那么宽的小房间。——译者

一　绪论——基督何许人也

耶稣基督何许人也

耶稣基督是个什么样的人？这对于世界历史和人类思想，是一个极为重要的大问题。据说：他是以神为父，以处女为母，在两千年前生于犹太的一个小村庄，传道，治病，如是者数年，终于为了替人类赎罪，被钉死十字架上，死后复活，升天。

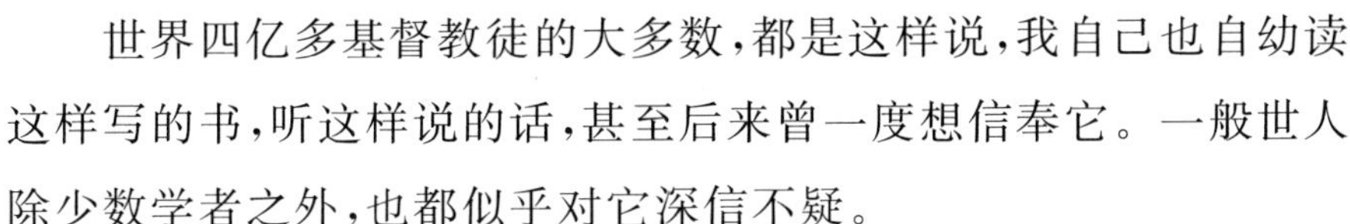

世界四亿多基督教徒的大多数，都是这样说，我自己也自幼读这样写的书，听这样说的话，甚至后来曾一度想信奉它。一般世人除少数学者之外，也都似乎对它深信不疑。

但这是我们所当漫然而径直信为事实的吗？**这种信仰果真有多少有力的理由和证据吗**？

一犬吠影，百犬吠声[1]。尽信书则不如无书[2]。我们不是应该在未信之前，先来进行一番忠实公正的探讨吗？

---

① 一犬吠影，百犬吠声。原文直译应为“一犬吠虚，万犬传实”，以讹传讹的意思。——译者

② 语出《孟子》。——译者

基督果真有其人吗

是的，我再问一句：耶稣基督是个什么样的人？他果真是这般的生出来，这般的活着，这般的死去吗？不，耶稣基督这个人，果真曾一度生存在这个世界上吗？

这在欧洲能够摆脱基督教教权的束缚的所谓自由思想家的学者、考证家之间，早已进行了研究、讨论，现在几乎就可以解决的问题，而在我们日本，尽我所知，却还不见有人接触到它。

这个问题对于世界的历史和人类的思想，是一个极为重要的问题。不能说它只是对于我国国民不重要，何况还因为我国今天正处在国民旧道德的基础已开始动摇，而新伦理的主义还未确立，人们求信仰，求安身立命，殆如饥不择食，渴不择饮的情况下；更何况基督教在我国传道虽然为日尚浅，信徒尚属少数，但在思想界的感召力，却比从来的神、儒、佛诸教更为显著和强大，所以显得特别重要。

一般国民的重要问题

看来这并不只是摆在哲学家、历史家、宗教家书桌上的问题，而实在又是对一般国民在社会生活，精神生活的实际上具有重大影响的，我们现在必须迅速加以解答的，加以公平明白的解答的重大问题。

我写这本书的目的，就是为了适应这个需要。我在写这本书时，先是查阅新约全书，看它作为基督的传记有什么价值，其次是探讨圣经以外的史传记录中的有关基督的事迹，一面把基督教以前的各种异教的信条、典礼、仪式与基督教的相互比较，彻底查明基督教本身的性质；更进而观察基督教兴起的情况，借以考定基督到底是个什么样的人。我相信这样做，也许不会有什么大过吧。

我浅识寡闻，对于宗教学简直是一个门外汉，现在要干这样一件大事，虽然自知难免有捉盲眼蛇之讥，但因为稍微别有一点抱负，所以就不揣浅陋开始干起来了。有心人请试听我说下去吧。

二　圣经可信乎？（上）

“基督这个人果曾一度生存在这个世界上吗？”这样的提出问题，该是多么的大胆，粗暴！听到之后，基督教的牧师学者信徒都将不禁要勃然大怒，大喝一声。

作为基督传记的四福音书

基督的传记在圣经上，尤其是在四福音书上，不是记得清清楚楚吗？今天还有谁会怀疑它呢？

四福音书成书距基督生时不远，据传《马太福音》和《马可福音》成于公元 44 年，《路加福音》成于 55 年，《约翰福音》成于 96 或 97 年，谁还敢提出问题议论它的真假呢？

这些圣经是两千年间，为世界上占人类人口五分之一的人所信仰、崇拜的贵重经典。如果它不是真理和事实的话，怎么能够受到这样的拥护呢？何方恶魔，胆敢如此猖狂，肆意污蔑，亵渎神圣呢？

果真是这样吗？果真是这样吗？圣经，尤其是新约圣经，尤其是新约圣经中的四福音书，果真是这样的正确、真实、贵重吗？

这对于一个刚生下来，一无所知，就受牧师洗礼；在襁褓中就听赞美歌的基督教徒的儿子，也许会没有异议地加以接受吧。但对于不是生在基督教徒的家庭，多少具有批评精神的人，那就可说完全是无理的要求。

如果具有一定常识，能够虚心坦怀地去阅读四福音书，那他就一定会对于其中充满着奇谈怪论的记事感到吃惊，与其信为历史事实，倒不如看作古来神话小说的辑录而感到稳妥。

而且对于其记事前后矛盾百出，同一基督的传记而竟有像是叙述别人者，要如何加以取舍鉴别，他会感到非常困难。

四福音书记事的矛盾

四福音书记事的矛盾，不胜枚举。这是施特劳斯等人所早已痛加指摘的了。我现在只举出其中两三点彰明较著的来谈一谈。

第一，请看看《马太福音》和《路加福音》关于耶稣家谱的记载吧。两者悬殊之甚，不正表明古来基督教徒之屡欲加以敷衍，牵强附会，而最终未能达到目的吗？出人意料的，从大卫到基督之间，《马太福音》只算出 28 代，而《路加福音》却多到 43 代。而且其间出现在两书的同名的人只有三个——撒拉铁、所罗巴伯和耶稣的父亲约瑟，其他几十个都各不相同。只就约瑟的父亲来说，就已不同，一称雅谷，一称希里。单就大卫的儿子来说，也不相同，一作所罗门，一作拿单。除了弥赛亚是大卫家出身这个预言一致以外，谁还能辩解两者都不是毫无根据的伪造品呢？

关于玛丽亚怀孕时天使显现的记事，两者又相互矛盾。据《路加福音》的说法，天使只显现在玛丽亚面前，告知她怀孕的缘由和生下来的儿子要给他起名叫耶稣,没有说到约瑟。而在《马太福音》,天使先显现在约瑟面前,像是没有看到玛丽亚。如果像神学家解释的那样,天使先是去见玛丽亚,后来又去见约瑟,同一件事重复了两遍,那么,天使岂不是做了这么多余的麻烦事了吗?何况玛丽亚先是把天使的说话秘不告人,像《马太福音》的记事那样,为了让约瑟从他人口中听说他的妻子的怀孕,就更需要天使的慰谕,那么,玛丽亚和天使两人的行动不是太不可理解了吗?至于玛丽亚和以利沙伯会见的情况,那简直是神话而不是历史。这也是施特劳斯所痛加指摘了的。

关于基督诞生的时期,他们也缺乏一致。照《马太福音》的说法,他出生是在希律王时代;照《路加福音》的说法,他比施洗约翰少六个月,而约翰的出生亦在同王的时代。而《路加福音》一面又说基督生时有居民填户口册,但填户口册这件事至少应该在十年以后。如果这样,《路加福音》不但和《马太福音》有矛盾,而且其本身不亦自相矛盾吗?而且《马太福音》没有说到牧羊人的来访,而《路加福音》却又不知有博士寻访基督和希律王屠杀男孩的事。

关于基督的出生地,《马太福音》说,约瑟为了避免希律王的迫害,挈其妻儿从伯利恒逃到埃及,后来想回犹太,又听说希律的儿子阿基老当了犹太的王,惧而避居加利利,"到了一座城,名叫拿撒勒,就住在那里"。反之,《路加福音》却说约瑟本来就住在加利利的拿撒勒,在伯利恒的旅舍生下基督,带孩子上耶路撒冷献祭,"就回加利利,到自己的城拿撒勒去了"。拿撒勒,据《马太福音》,是移住地;据《路加福音》,是出生地。我们究竟要相信哪种说法呢？

《路加福音》说，约瑟一家人去耶路撒冷的神殿献礼，得了圣灵启示的名叫西面的人，赞美了婴儿耶稣；又有女先知名叫亚拿的，"将孩子的事对一切盼望耶路撒冷得救赎的人讲说"。好不危险！如果像《马太福音》所说，希律王寻找基督那么急，孩子不早就被杀死在神殿了吗？尤其可异的，是加利利王安梯帕和犹太王阿基老，同样是希律王的儿子，前者为什么会比后者更安全可靠呢？

关于魔鬼试探的事，亦不免矛盾。《马太福音》说，四十昼夜断食之后，试探人来到他那里。《马可福音》和《路加福音》则说，四十天受魔鬼试探。《马太福音》说，魔鬼离开耶稣，有天使来侍候他。《马可福音》却说，天使经常侍候着他。在《马太福音》，从殿顶上跳下的试探是第二试，赐予世界万国与万国荣华是第三试；在《路加福音》，这个顺序恰好颠倒过来。又请再看，魔鬼叫他"站在殿顶上"，这是耶稣和魔鬼飞行在空中吗？全城的人看到在可以俯瞰圣城的殿顶上，并站着魔鬼和人，那该多么的震惊呀，而耶稣和魔鬼瞭望世界万国的那座高山，到底是在现在什么地方呢？

关于彼得不认基督的记载，亦互不相同。在《马太福音》，基督预言说，彼得在鸡叫以前要三次不认他；在《马可福音》，则说只一次说不知道鸡就叫了。在《路加福音》，这时耶稣和彼得在一起，"主转过身来见彼得"。在《马太福音》和《马可福音》，彼得在下边或外面院子里，不和他相见。其他，四者差异之甚，正好说明它不能当做当时精确的记录的最有力的证据。我现在不烦一一对照原文，只提醒一下这些差异就够了。

关于基督传道的时间亦没有一定。《路加福音》说他的受洗是在提庇留在位15年，嗣后7年间的某一个时候被钉死在十字架上。而在第一、二、三的福音书，他的活动似乎只不过一年，因为从他开始传道起只过了一次逾越节，而他入耶路撒冷时，全城为之轰动，惊问此人为谁。由此看来，可知他是在成年后第一次来到这个地方的。第四福音书《约翰福音》的说法，却与此不同，说过了两次逾越节，常常去耶路撒冷，他的传道至少达两年以上。

据《约翰福音》，基督的活动从伯大尼开始，他在这里找到安得烈、彼得和另外一个弟子。第二天去加利利，遇见腓力和拿但业，率领他们在迦拿显示奇迹，又去迦百农和耶路撒冷，扬言“你们拆毁这神殿，我三日内要再建立起来”。之后，又返回约旦施洗，接着和他们一起回到加利利。这些事情都是在施洗约翰投狱之前发生的。现在回过头来看看其他三福音书，则说他听见约翰下了狱，就退到加利利，往迦百农去，就住在那里。“从那时候耶稣就传起道来。”他单身到海滨行走，找到彼得、安得烈、雅各、约翰等人，时期已经不同。如果《约翰福音》所传是真实的话，那么，这些人在犹太时就跟随着他，游历各地而回到加利利。其间既已看到许多奇迹，相信他是基督，那么他们后来背离耶稣以及彼得看见鱼的奇迹而感到吃惊的事，是不应该有的了。

关于他是弥赛亚基督的事，在《约翰福音》，安得烈是这么样说，撒玛利亚人是这么样承认，彼得是这么样称呼，马大是这么样信服，耶稣自己也一向以此自任，而且公然声称，无所忌惮。而在其他三者，却一听弟子说他是基督，便告诫说，不要告人说我是基督，而且到了年终，他又埋怨犹太人不承认自己是弥赛亚，这也是一个矛盾。

福音书忘掉了诞生和升天两件大事

再看，关于他的奇迹的诞生一事，《马可福音》、《约翰福音》都没有提到；他的升天一事，《约翰福音》、《马太福音》二书也都像没有这回事那样。人生历史上最重大的这两件事，尤其是足以证明基督是神的最有力证据的这两件事，怎么会给他们忘却或遗漏了呢？

如果把四福音书一一加以对照，把它的记事的互相抵触互相矛盾的地方列举出来，就可以写成一本庞然巨著。以上所举只不过它的一斑而已。

然而，不是偏偏这一斑就足以窥见它的全豹吗？如果不是把批评和探讨视为罪恶的基督教徒，谁还敢说基督的传记在四福音书中已说得清清楚楚了吗？对于这不合逻辑的说法，谁还能不把它看做神话小说，而径直信为历史事实呢？

那么，我们要怎样区别新约全书，尤其是四福音书的真假呢？它们是完全虚伪的呢，还是其中有某些正确真实而值得信赖的呢？

三　圣经可信乎？（中）

圣经何时成于何人之手

于是，我们便不得不进而问道：四福音书是不是在后人推算定为耶稣诞生的时代，即公元一世纪，成于马太、马可、路加、约翰四人之手呢？抑或今天所存全部新约，果真是在某个时代由某个人编写出来的呢？

这是古来学者评论家所热心研究探讨的问题，又是我们今天尚未能找到确凿证据的问题，不，至少在一世纪，我们完全找不到基督和基督教的有关文书。

《钱伯斯百科辞书》记者说："至少在基督死后整整一个时代，不见有有关基督传记及其说教的任何简单的记录，而只有口头上的传说，所有福音书都是根据这些传说及其以后的文书编写出来的。"

赖克博士（Dr. Reich）在其所著《文明史》一书中认为，在二世纪后半，文书分为福音书和使徒行传两种。死于公元 176 年的帕皮阿斯不知道有新约的经典。死于 150 年的殉教者查士丁，只提到第一、第三福音书。死于 150 年到 160 年间的坡里卡普，只说到福音书的残篇，不见有某些任何特殊的典据。任何人都不知道这些文书是出于何处何人之手。而且流传到今天的圣经最古的原本，是在西奈山的寺院发掘出来的西奈本，和罗马神殿所藏的梵蒂冈本，两者都是第四世纪的遗物。

莱德（P. B. Ladd）在其所著《希伯来与基督教神话评论》一书中断言："近代评论家多数人于其热心从事比较研究以后，得到了这样一个结论：即文书大部分，新约全书全部，都是教徒们为了维护教会的利益而伪造出来的。今天的四福音书是远属后代的产物。这些书一直到三世纪后半，都不为世人所知。他们根据各地的口碑传说断简残章，加以补充、缀合，而造成各种伪物。初期教会的祖师长老从这些一文不值的大杂烩中，各取所需，加上自己的主观愿望和意见，而构成基督的传记和作为宗教的经典，这在今天已成为明显的事实了。"

莱德更进而认为，在一世纪期间，主要的基督教徒都相信基督一定会再生，世界末日一定会到来，为了迎接这个日子作好准备，正忙得不可开交，无暇顾及把他的言行编写在书上，或创立什么新宗教。因此，当时的信仰，即福音都是用口头来宣传，使徒、教长等听到有关新信仰的某些东西，就把它在他们的教会、大街、小巷，高声宣读、演说。这样，到了二世纪初，那些等待着弥赛亚的到来等得不耐烦的有点文墨的人，便开始把使徒长老等所口授的，笔记在文书上。

二世纪末无一定的经典

在二世纪期间，新宗教便传播到罗马帝国的大部分地区。当然各地各人所宣传的，所见所闻的，没有一个是相同的。而随着此等各种各样的传道，便亦产生各种各样的文书或福音，只是其中一些重大事件，特别是关于弥赛亚的第二次降临，没有多大的差异而已。这样，到了二世纪末，各大城市的教会便有各自不同的福音书，各地方亦各有其地方共通的，亚洲诸国有所谓东方福音书，欧洲诸国有所谓的西方福音书，非洲也有所谓亚历山大利亚本。

《大英百科全书》记者也说："艾雷内厄斯[①]自定的经典，没有希伯来书、犹太书、雅各书、彼得后书、约翰第三书等。克雷门把现在经典所没有的诸书，汇编成为一部大册。保罗书信，大部分是伪作。叙利亚所用的新约全书中没有彼得后书，约翰第二、第三书。总之，在二世纪末，没有教会教长等共通的经典。尼西亚宗教会议对于从来一般常用的诸书，也没有甄别其真假的能力。到了五世纪，方才逐渐形成现在通行的一定的经典。"

是的，当时基督、使徒以及和他们亲身接触而受感化的教长长老等署名的所谓福音书及其他圣经，五花八门，各式各样，数也数不清。而除了现在编入新约全书以外的诸书，到了后世，便被当做杜撰伪作受到排斥。现在其大部分都已散佚，但还有只知其题目的，也有题目和内容都保存下来的。这些叫做 Apocrypha（不经之书，或曰异本）。

百余种经典异本

据莱德所说，新约书中，散佚者 67 种，现存而被斥为不经者

① 艾雷内厄斯（Irenaes），2 世纪基督教教父，主著：《驳异教徒》（*Adversus haereses*）。——译者

42种，合计109种。又据安妮·贝赞特的估计还要多些，福音书34种，杂书98种，合计132种，其中散佚者103种，残存者29种，并一一列举它的题目。这岂不是多得惊人吗？而且此外，还有连题目都已归于泯灭者，不难设想，其数量恐怕要多到几倍几十倍哩。

散佚书目中，有基督致彼得和保罗的书信、基督的赞美歌、拿撒勒人福音，其他有加略人犹大、彼得、安得烈、腓力、巴拿巴等各福音书。现存书中有阿普加拉致基督书和基督的答书，尼科德摩福音（即彼拉多行传和基督下地狱记传）、基督幼年福音、多玛福音等。

正经与伪经

我们必须记住：这么多的福音书，以及其他文书，都是长期以来和今天的新约全书所包含的所谓正经诸书一起流传，而且其中有些作为当时的正经，为各教会，各祖师所尊重，同时今天的新约全书中，也有不少被当做伪经而受到排斥的。

还必须记住：这些所谓伪经，所谓正经即今天的新约全书，两方都是根据当时的口碑传说而编造出来的，从它的年代看来，伪经中反而有许多比正经还要早些。贝赞特断言，今天的四福音书，在公元一百八十年以前，不见有其存在的痕迹，即使到了开始为人所知的时候，到底和今天的是不是完全一样，还是一个疑问。不，有证据表明，两者确实完全属于别物。

更必须记住：这些所谓伪经所说的，多是荒诞无稽，作为神话故事，也许颇能引起人们的兴趣，但作为史实，当然是不能被接受的。而且就其作为荒诞无稽的神话来说，今天的所谓正经，绝不会比它们稍为逊色。

这样，从它的起源看来，或从它的年代看来，又或从其作为荒诞无稽的记载看来，所谓正经和伪经，不是没有什么可以鉴别的标准吗？所以我们如果把其他一切福音书以及文书，都说成杜撰和伪作，那么，今天的新约全书当然也同样可说是杜撰和伪作了。他们在论到基督的存在时，都完全没有可靠的论据。

我们说四福音书是可疑的，而保罗生于公元 10 年，其 14 篇书成于第一世纪期间，这也是我们所不能置信的。

保罗书信亦伪作也

近时头脑清醒的德、法考证学家，于其热心研究的结果，断定保罗书信十四篇中十篇全是伪作。只有其余四篇在表面上找不出有伪作的证据。甚至关于保罗本人，他的出生年代，活动时期，我们都尚未能弄清楚。勒南的《保罗》、怀特教授的《宗教与科学的战争》(*Warfare of Religion and Science*)、赖克博士的《文明史》、《美国百科全书》等都这样说。连《大英百科全书》的记者也认为，“我们对于使徒的研究，除新约全书所能看到的以外，几乎完全没有什么可以作为典据的知识。”

现存的圣经如此不可置信，那么，它怎么能够赢得像今天这样作为正经的地位和权威呢？这正是初学者所必将要提出的一个问题。

四 圣经可信乎?(下)

《创世记》说,神直接创造了天地万物,可是圣经却不是神亲手直接创造出来的。

圣经的演化

基督教徒说,圣经是神的语言,是受神的灵感的人所记录,编写出来的。但事实却恰恰相反。圣经不是神所创造,反而是受神的敌人——达尔文主义的生存竞争原理的支配,经过许多演化转折的过程而终至形成今天的样子。对此我们掌握了确凿的证据。

从二世纪到三世纪期间,基督传记、福音书以及其他圣书的著作,层出不穷,著述之多,有如汗牛充栋,已如前述。各教会、各教长都从中挑选出他们所信的,或容易加以利用的文书,奉为正经,你争我夺,有如乱麻。这也是我们前面说到的了。

权衡利害得失,教会的教徒们不久就感到有把它们统一起来的必要。于是,东方诸国的教徒们首先召开了会议,企图从这么多的经书中挑选出合乎自己利益的东西。其次是西部欧洲及非洲诸教会,亦各召开了同样的会议,以谋求协调一致,最后终于把这三方结合起来，开一个全体总会，选定他们的经典，集中他们的力量，以期支配整个世界的宗教界。

于是，从4世纪初叶到16世纪中叶，开了一连串会议，对这么多的福音书及其他文书，进行了淘汰、选拔、捏造或虚构，完成了今天的圣经的样本。

圣经稿本最古的，是前述西奈寺院的西奈本和罗马神殿的梵蒂冈本。据说两书都是四世纪的遗物。其次是现在英国图书馆所藏希腊文写本，称为亚历山大利亚本，是1628年亚历山大利亚主教西里拉斯·吕卡里斯(Cyrilius Lucaris)赠送给英国国王查理一世的。

这部书的新旧两约目录的书页上面，用阿拉伯文字注明这是殉道者特克拉(Martyr Thecla)的手抄本。西里拉斯还另外用拉丁文字，附带说明特克拉是距尼西亚会议期间不远的一位值得尊敬的埃及妇女。尼西亚会议是公元325年召开的。

因此，便有人过早地断定今天的圣经，是四世纪后半特克拉最初编写的。

莱德说："好不奇怪，这个埃及妇女到底从什么地方找到材料，编写出圣经呢？是从口碑，还是从古文字呢？她果真是圣经最初的著者或编者吗？据传奥里金[①]也曾着手搜集古写本，花了28年时间，于公元331年编成自己的圣经。但新旧约合订本的圣经，最早出版是在5世纪。那么，是谁犯了剽窃罪呢？是埃及妇女剽窃

① 奥里金(Origen，185—254?)，希腊教会教父。他把异教哲学带进亚历山大学派，推动了基督教思想体系的发展。其学说后被视为异教。——译者

了教长奥里金的记录而编写出她的圣经呢？还是5世纪的编者剽窃了特克拉的圣经呢？不，也许他们都是受了神的灵感而编写出了圣经吧？”

亚历山大利亚本是否是距尼西亚会议不久，出于埃及一妇女之手，这一点是可疑的。许多评论家根据它的书体和其他论据，断定它是5世纪中叶编成的，甚至有人主张是10世纪的东西。

总之，我们没有什么证据足以证明新约中任何部分，是5世纪以前公开发表。鲍尔认为，四福音书中的前三书最初是在2世纪后半，根据口碑传说，粗略地记录下来。至于《约翰福音》，则是远属后代才编写出来的。而且很明显，这四书以后都经过了许多次修改变更，这是欧洲教会史家都已承认了的。

虔敬的基督教学者麦克林托克（Mclintock）在《圣经与教会文献辞典》（*Cyclopaedia of Biblical and Ecclesiastical Literature*）中说：“两者（新约和旧约）的起源，渺不可考，两者与其说都是根据外部权威的力量，倒不如说是根据内部本能的指导悄悄地成长起来的。……西欧诸教会都曾为了批准新约为正经而团结一致，许多有力的教会确实搜集到许多可以看做受灵感的人所作的文书，这些文书与其说是经过个人或会议的批准，倒不如说是经过自然的过程而定下来的。”从他玩弄信徒口吻的字里行间，还可以看出他对今天圣经的起源抱着怀疑的态度。

经典历史的三个时期

麦克林托克还说：“经典的历史可以分为三个时期。第一期到公元170年为止,是使徒文书的传播和搜集的时期。第二期到公元303年为止,是把圣经和其他宗教文书加以甄别审定的时期。第三期到397年迦太基第三次会议为止,即根据这次会议公布决定各书为正经的时期。第一期是口碑传说的时期,第二期是探讨考查的时期,第三期是权威的时期。我们可以由此看出经典历史各个时期的特点。总之,我们今天的新约全书,虽然其中不是完全没有还存有某些疑点和争端的书目,却都是经过397年迦太基第三次会议的批准而成立的。而且从此时起,拉丁的教会大体上都采用了它。"但我们在后来1545年特楞特宗教会议上,还看到这圣经又作了一次修改,而且即在此时,所谓争端还是未能得到解决。

《大英百科全书》记者认为,这些宗教会议被称为"教会的战场",是名副其实的。迄至尼西亚会议为止,各教会都各有自己特殊的信条,而还没有任何一定的共通的信条。这次会议便发出命令,规定了永久性的信条。这些信条在451年卡尔斯顿会议中,得到了进一步的扩充,接着在589年特勒德会议上又加以修改。该记者又在其对于新约的批评中指出:有一派有力的评论家认为新约大部分是伪作;实际上除了保罗四书以外,新约各书都存有疑点:迄至2世纪中叶为止,各教会所用的经典,玉石杂陈,真假不分;在360年拉奥底赛亚会议上,据认为是不经的某些文书被禁止使用。由此可知,今天的圣经是怎样经历了长年累月的进化或退化的历史过程了。

且看这些历代宗教会议,当时他们甄别经典,审定其信条,到底发挥了怎么样的权威作用,这将使任何人都不能不为之目瞪口呆大吃一惊。

尼西亚会议

这些会议中最著名的是尼西亚会议，这是公元 325 年君士坦丁大帝[1]所召开的，有正直的教长 311 人参加。最丢人的是，当时还是异教徒的君士坦丁大帝担任了大会的主席。赫拉克列亚教长萨庇拿斯说："当时参加会议的，除了君士坦丁大帝和犹西比乌斯以外，其他都是一伙不学无术的人。"

请看，这一伙值得尊敬的人，到底干了些什么呢？尽管他们首先宣布说这个团体是怎么样神圣，没有错误，但当他们审议信经，讨论经典真假的时候，便立即丑态毕露：谩骂、诽谤、吵架、争斗，相继出现，迫使大帝不得不使用武力来维持会场的秩序。摩舍姆博士说："尼西亚会议及其他会议的争论，表明了他们非常的无知和思想的极端混乱，会议的决定是用多数来表决的，为了获得多数，他们就玩弄了所有的权谋术数，甚至连行贿、暴力也都使了出来，毫无避忌。为了教会的利益，诈骗也得变成为功德。"难怪大帝为了遮掩这场丑态，让人烧毁掉关于这次会议的一切文件。

据说，当时提出来要加以甄别审理的文书，都被放在圣餐桌下，会议参加者便向神祈愿：把有灵感的文书拿起来放在桌上，把伪经留在桌下。神听了之后，便这样照办了。基督教徒中今天或许还有人相信这种胡说。

---

① 君士坦丁原来信奉军队中一度流行的密司拉教，直到 337 年他临死之前，才受洗入基督教。——译者

尼西亚会议以其如此真诚的信仰和努力，而且得到皇帝有权威的援助，决定了万古不易的福音书及其他经典，确定基督与神同体，发表了庄严的宣言，这便是所谓“尼西亚信经”。可是连这庄严的宣言也无济于事，在以后的几个世纪间，同样的争斗不知重演了多少次。

强盗会议

公元四四九年的以弗所会议，同样也是一次极为滑稽丢脸的会议。参加会议的有三百名教徒，另外加上一群士兵。会议照例开得乱七八糟，像君士坦丁堡教长法非安竟然被另一教长[①]殴打重伤而死。而这次会议同样依靠教徒的乱哄乱叫和使用兵力，废弃了431年的以弗所会议的决议，发表宣言，主张基督一体一质。但这次宣言又在451年的卡尔斯顿会议上被废除，基督又变成一体兼有二质。据《大英百科全书》，这449年的会议，世称“强盗会议”，不正可以由此看出它的真相了吗？

约翰·廷达尔说：“我们早已有了一套完整的经典，但编辑的时候必须把这些经典从那无数伪书中挑选出来，倒是一个很费气力的、困难的和需要认真对待的工作。这个时代充满着伪作，即使善良的人也敢于主动地去干这种虔诚的舞弊。因为他们相信这样做，可以使基督教义迅速传播出去。”是的，据传那个被称为教会史之父的犹西比乌斯，也是一个惯于作伪的巨头。

① 按即亚历山大利亚教长丢斯库。——译者

廷达尔还说："一方面有福音书，另一方面又出现了相反的福音书；一方面有传道书，另一方面又出现了相反的传道书。有轻浮的，有枯燥乏味的，有不切实际像小说式的，它们几乎具有同样的权威，但有的被当做正经，有的被当做伪经。"关于它的调查研究，廷达尔又说："无论是犹太人基督教徒，或是异邦人基督教徒，如果这里需要某一个论据或证据，他们就会马上找到适合于其论点的文书，而且大胆签署使徒或者和使徒同时代的某一权威的名字，而无所顾忌。目的使手段变成为神圣。许多证据随便可以制造出来，一点都不感到缺乏。这一来，基督教的世界便不但以不经的文书，而且以对并非不经的文书的歪曲而搞得乱七八糟，泛滥成灾。于是，便出现了所谓 Gnosticism（诺斯替）一派。"

以诺斯替派[①]为首的所谓异端，便如雨后春笋陆续发生，争斗一个接着一个。为了解决这个争斗而召开的会议，又引出了另一个争斗。这就是当时的形势。难怪有灵感的文书，也为了适应其他文书而不得不任意加以删改补缀。不管是否出于有灵感的人之手，表决只有依多数来决定，而这多数却是依靠诈骗、行贿和威胁取得的。

是的，如果有人看到这作为神的语言而为受灵感的人所记录下来的，所谓"书中之书"的，为世界四亿基督教徒所尊崇的新约圣经，是这样赢得了今天的地位和权威，那怎能不令人为之哑然失笑呢？

而我们作为非基督教徒，从事忠实认真的研究，又怎能相信这

① 诺斯替派（Gnosticism），一译神智派，公元一、二世纪宗教史上企图用波斯、希腊的宗教哲学说明基督教教理的古代宗教哲学的一派。——译者

种书而以之为可靠的典据呢?

基督教徒四大家的考证

不,即使基督教徒本身,只要具有清醒的头脑和公正的精神,也是会把它的真价值弄得清清楚楚的。现在就请向近代基督教的大学者,世界著名的四大家请教,听听他们的高见。四大家就是F. C. 鲍尔、D. F. 施特劳斯、I. B. 鲍威尔和 J. E. 勒南。[①]

鲍尔是图宾根学派的创始人。他的圣经批判一出世,就轰动了整个欧洲。他认为:"《哥罗西书》和《腓立比书》同《使徒行传》一样都是伪作,是2世纪末加特力教徒为了调和犹太人和异邦人两派的纷争而编写出来的。四福音书也是根据宗派斗争而编写的。现在的福音书并不是教会中所见这种文书中最古的,在其以前已有冠以希伯来、彼得、埃比奥尼特、埃及人等名字的各种福音的口碑流传。这些福音也是伪作,是2世纪期间编写的。新约全书的书目在公元360年才定下来,现在的正经是405年由教皇英诺森

① 鲍尔(Ferdiant Christian Baur, 1792—1860),德国历史神学者,图宾根大学教授,图宾根学派创始人。著有 *Der Gegensatz des Katholizismus und Protestantismus*, 1834; *Die Christliche Lehre der Versöhnung*, 1838; *Paulus*, 1845 等。施特劳斯(David Friedrich Straus, 1808—1874),德国宗教哲学家,著有 *Das Leben Jesus*, 2卷,1835; *Die Christliche Glaubenlehre* 2卷,1840—1841等。鲍威尔(Bruno Bauer, 1809—1882),德国神学者,历史学家。著有 *Kritik der evanglischen Geschichte des Johannes*, 1840; *Kritik der evanglischen Geschichte Synoptiker* 3卷, 1841—1842 等。勒南(Joseph Ernest Renan, 1823—1892),法国宗教史家,思想家,著作有:《耶稣传》(*La vie Jesus*, 1863);《基督教起源史》(*Histoire de l'origine du Christianisme* 7卷,1863—1883)等书。——译者

一世宣布决定的。”

《大英百科全书》记者对此也不能完全否认，他只是说：“四福音书的起源，渺不可考。但它是逐步发展而形成今天的样子的；它的根源发自使徒时代，受到后世的影响，并且为了适应初期教会的特殊需要而加以修补，这是完全无可争议的。总之，它是基督教传说库藏，初用口头，后来写成文字，流传下来而成为今天的样子。这个结论已为德国、同样也为英国的历史学家、神学者所共同承认；既为急进派，同样也为保守派所共同承认。这主要是图宾根学派的研究的成果。这在以前虽然并不是没有得到解释，但尚未能肯定它的历史意义。鲍尔的势力并不过大。但他的伟大天才和学识，却使他识破了从来不十分清楚的初期基督教的某些现象的意义，而且对未来的研究者指出了他们所必须遵循的正确途径。”

麦克林托克说：“他（鲍尔）发挥了他的伟大才能，专心致志于推翻多年来的基督教的根本教义。他是图宾根学派的创始人。该学派又扩大了他的主张，通过对新约全书的否定而使他赢得了可悲的声誉。他否定了除《加拉太书》、《哥林多书》、《罗马书》以外的其他一切保罗书信。”啊！知识广博竟成了可悲的声誉！

没有料到，不管鲍尔的声誉是可喜或是可悲，这个伟大人物毕生研究的结果，今天已成了一般欧洲宗教史学家的定论，几乎完全没有存疑的余地。

同是图宾根学派的大学者施特劳斯，他的大作《耶稣传》曾经一时引起基督教世界的恐怖，也是世人所尽知的。

施特劳斯在他的大著中，最后得出了这样的结论：四福音书只不过是口碑传说；其所引作者的名字是虚假的；它是经过一个世纪以上的口头上的传说时代之后，才被编写成各种读物的；关于基督死后的怪诞传说是慢慢地发展起来，成为后人作伪的材料。

所谓基督这个人物是不是真正曾在历史上一度出现这个问题，让我们在另外的地方去谈，不管怎样，施特劳斯的研究却有力地证明了新约全书是完全不足信的。

鲍威尔也是一代的大学者。他虽然起初写过一本书，强烈批评了施特劳斯的《耶稣传》，但后来修正了他的学说，主张福音书，使徒行传以及主要的保罗书信都是伪作。

勒南的《耶稣传》的出现，震动一时，不让上述三人。他也在其博引旁征的结果，断定了福音书的暧昧矛盾，其作者的名字都是伪托，是远属后代根据随手捡来的口碑断片而编写出来的，换一句话说，就是新约全书的大部分全是虚伪诈骗之作。同时，他又稳妥地指出了关于复活的无稽之谈是怎么样流行起来，无知的社会又是怎么样加以相信的经过情况。

上述四大家都是基督教徒。据称他们的博学，尤其是关于基督教的研究，是欧洲无有出其右的。他们一致认为：作为基督传记的四福音书，并不是成于马太、马可、路加、约翰四人之手，而是1世纪后半以后，为了适应教会的需要，对于口碑传说给予补充，加上私人意见而编写出来的。

新约书大部分都是伪作

这使我相信，把现在的新约全书，至少它的大部分，断定为伪作，绝不能说不公平。

P. B. 莱德评道："试让一打（12 个）人倾听某种议论，经过五年或十年之后，他们里头一定没有对议论的内容保存相同的记忆的。何况经过了一百年的时间，经过了三四个人在口头上传来传去，而又都是来自不学文盲的社会，哪里值得凭信呢？我看任何法庭一定不会给予它一丁点注意的，而现在教会却要求人类把它当做证据，并且当做唯一的证据，相信它是基督一年、二年或三年之间所说的话，它的根据又是如此荒谬，这岂不是滑稽之至吗？即使万一多少能够反映出这个人的说话，那也只是极为偶然的事。我们所能期待的，也只有这偶然的侥幸而已。而且据推测当时生存而又亲聆他的说话的许多人，不都是无知、文盲、粗野之徒吗？"

是的，圣经是神话，是小说。作为神话小说读之可也，玩赏之可也，研究之亦大可也，至于作为基督传记，则连半文钱亦不值也。

关于"基督是个什么样的人"这个问题，我们还要从圣经之外去寻找 。

五　圣经以外的证迹(上)

圣经既已不可信,那么,在圣经之外又可以找到什么呢?

正史上所见的基督

这也一无所有。古代正史没有传下有关基督的某些事迹。据称是基督生存的时代的文书,没有一件足以证明基督的存在,这不是很奇怪的吗?

据说基督刚生下来,天上的星就指示外国的博士来犹太朝拜他;罗马帝国国内的一个村庄全体婴孩都因此遭到了残杀;他是一个伟大的教师,能治愈麻风病,叫瞎子看见东西,聋子听到声音,哑巴开口说话,瘫子走起路来,死人复活。他是犹太人的王,被称为大卫的子孙和散那(hasanna,高高在上和散那,救主)。他被众人拥戴着威风凛凛地来到耶路撒冷,惊动了合城的人。他被他的同胞作为罪人绑了起来,被罗马的总督判处了死刑。他死时,整个世界变成黯黑,历时三小时,大地震动,殿里的幔子裂开了,坟墓破裂,被磔杀的他的遗体复活了,有五百个人亲眼看见。复活了的他,白天显出肉身从耶路撒冷附近的一座山上被带到天上去,坐在上帝的右边。

像四福音书宣传的那样，像基督教徒信仰的那样，当时这些惊人的事件如果真有其事的话，那么，即使极为粗心大意的历史学家，也绝不会置之不闻不问的吧。

罗马帝国古代文化极为昌盛，历史学家，传记作家，哲学家，其他文学家，人才辈出，蔚为大观，数以百计的记传史籍，莫不灿烂辉煌，包罗万象，而独对有关基督的这些大事、奇事，却在当时的文书中不留丝毫痕迹，这到底是怎么回事呢?

请看历史学家吉本[①]的名著《罗马帝国衰亡史》吧。他说:"对于万能的造物主不诉诸他们的理智，而径直显示于他们的感觉的这些证据，当时的异教徒及哲学界竟漫然付之不闻不问，我们能用什么理由来加以解释呢?基督的时候，使徒的时候，他的弟子的时候，他们所说教的教义为无数奇迹所证实:瘸子走起路了，瞎子看见了，病人痊愈了，死者复活了，魔鬼被驱走了，大自然的规律屡次因教会的利益而不起作用，然而希腊罗马的许多贤者哲人，却居然把这些惊人的事迹置诸罔闻，照旧从事他们的日常的生活和讲学，对于世界上道德的及物质的统治所发生的任何变故，一若全无所知。在提庇留皇帝在位年间，整个地球，至少在罗马帝国这个著名的地方，被笼罩在不可思议的黑暗之中达三小时之久，连这个异常的事件——这个极易引起人们惊讶、好奇、虔信的异常的事件，在科学和历史极为昌明的当时，也一点都不引起注意。而且这又是塞尼卡、老普林尼生时所发生的事情，他们不会不受到这个异常事

① 吉本(Edward Gibbon，1737—1794)，英国历史学家，主著《罗马帝国衰亡史》(6卷，1776—1788)。——译者

件的直接影响，而且不会不很快听到这个事件发生的消息。这两位哲学家在他们付出毕生精力而完成的著作中，对当时发生的几乎所有重大自然现象——举凡地震、流星、彗星、日食、月食等足以引起他们好奇的自然现象莫不努力收集，记录下来，一点都没有遗漏，而对于地球创造以来人们在现场所目击的这些最重大的现象却都脱漏没有记载。”[①]

第一世纪文学家的记事

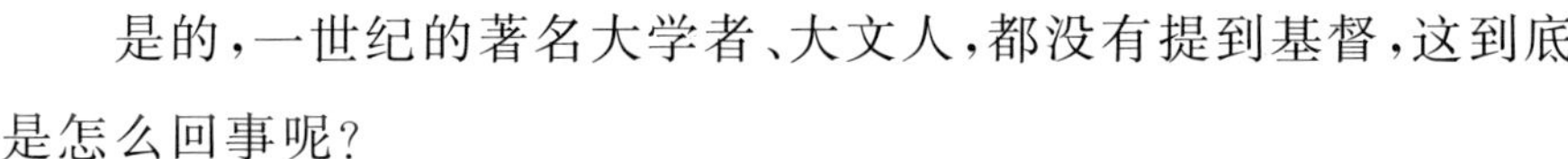

是的，一世纪的著名大学者、大文人，都没有提到基督，这到底是怎么回事呢？

塞尼卡[②]的著述，谈到包括基督教教义在内的一切事物，老普林尼[③]的著书被称为关于人间、天神的包罗万象的百科全书，而他们两人对耶稣基督一点都没提到。

普鲁塔克[④]生于公元 66 年前后克劳狄乌斯[⑤]皇帝在世的希腊，他的大著《英雄传》写于 1 世纪末或 2 世纪初，其中包括从罗缪

---

① 参见《吉本〈罗马帝国衰亡史〉选》（王绳祖、蒋孟引译。商务 1980 年版），第 67—68 页。——编者

② 塞尼卡（Seneca，约前 55—后 40），罗马修辞家，主著：Suasoriae；Contr oversiae。——译者

③ 老普林尼（Baius Pliny Secundus，23（24）—79），罗马著述家，现存唯一大著《自然志》（Naturalis historia 37 卷）。——译者

④ 普鲁塔克（Plutarchos，约 46—120 以后），末期希腊历史家。著有《对比列传》（Vitae Parallerae），俗称《英雄传》。——译者

⑤ 克劳狄乌斯（Claudius，Nero Germanicus Tiberius，前 10—后 54），罗马皇帝。——译者

拉斯[①]到他自己的时代的所有英雄豪杰,即使是神话传说中可疑的,也没有遗漏。如果像基督这样的伟大人物真正生存在1世纪前半,那是没有理由不会在《英雄传》中占一席地位的,可是普鲁塔克对于基督却一点都不知道,一点都没有记载。

斯特拉波[②]的17种著作中,有12种是关于巴勒斯坦和希伯来的宗教的,也一点都没有提到基督。

其他,阿里翁、迪翁、克里索斯特摩、昆提阿斯·卡提阿斯等一世纪的文学家,也都没有谈到基督或基督教,这也是赖克博士所断言的。我们还要记住:这些文学家的著作,对于当时各种各样的人物和事迹,莫不一一记载,一点都没有脱漏。

哲人斐洛

我们要在当时的史传中检查基督的事迹,就会找到哲人斐洛。[③]

斐洛是亚历山大利亚的犹太人,生于公元10年至20年前后,是柏拉图学派的大学者,足迹几乎遍及罗马全国,和罗马皇帝、政

① 罗缪拉斯(Romulus),传说他和弟弟雷穆斯(Remus)是孪生兄弟,系罗马城的建设者。——译者

② 斯特拉波(Strabōn,前64—21以后),希腊地理学者,历史家。著有史书47卷,已散佚。地理书《Geographia》17卷,大部分现存。不只限地理,还包含传说,历史,是一份极为贵重的史料。——译者

③ 斐洛(Philōn,约前30—后45),希腊的犹太人哲学家。根据希腊斯多亚哲学的"逻各斯"(Logos)思想,说明基督教的真理,给后来基督教神学以极大影响。——译者

治家谈论政事,和耶路撒冷的博士们交朋友,有关于哲学宗教的浩瀚巨著,名重一时。而且在公元三十九年至四十年前后,为了抗议尊奉皇帝为神的诏敕,被犹太人推选为代表出使卡里古拉皇帝朝廷时,已是白发苍苍的老人。从这一点可以推知他生于基督之前,而死于基督之后。当基督 12 岁驳斥耶路撒冷的文士们的时候,他的年龄应在 30 岁左右。当基督不断施行奇迹,宣传福音,被尊为救主,被扣上乱民的罪名,钉死在十字架上,复活,升天,白天变黑,大地震动的时候,他应是 50 岁前后的一位贤者、哲人。从他的种族、地位,以及经常关心自己国家的哲学、宗教,钻研不遗余力的事实看来,是没有理由不知道像基督这样的人(或神)的。即使没有见过他的面,也没有理由不闻他的名的,没有理由不听其名而加以研究、记录和评论的。可是斐洛在其浩瀚的著作中,却没有只字说到基督或基督教的。他对于基督一点都不闻不知。这也是《大英百科全书》记者所承认的。

P. B. 莱德挖苦地说:"斐洛是一个人,他的一生不但在他自己的著作中,同时又在正史中传下来了,为什么被称为神的基督,却在正史一点都没有记载呢?"是的,和斐洛生在同时的基督,不但在正史中一点都没有记载,而且连他自己写下来的一行文字,一篇著作,也都没有流传下来。即使偶尔有两三篇书简据说是他的著作,现在连教会自己也斥之为不经伪造的了。这难道是他施行奇迹,把当时历史学家们的耳目蒙蔽起来,或者是因为他是神,所以一点都不解人间的文字吗?

贾尔斯博士(Dr. Giles)也在他的《基督教徒记事》(*Christian Records*)一书中说:"一、二世纪希腊罗马的文书流传到现在的,虽然汗牛充栋，不可胜计，但却没有只字谈到新约……拉丁文学家生活在基督死后到公元200年之间的，有塞尼卡、勒肯、苏艾托尼乌斯、塔西佗、伯尔萨斯、柔维那、马提亚、老普林尼、西利阿、斯塔提阿、昆堤里安、小普林尼及其他不可胜数，但大都虽谈到犹太人，却没有谈到基督。实际上罗马文学家谈到基督教及其教祖的，只有苏艾托尼乌斯、塔西佗、小普林尼三人而已。”

大历史家塔西佗

于是，为了肯定基督的存在，罗马的大历史家塔西佗①便被找了出来。可是，他到底提供了什么证据呢？

看罗马大历史学家塔西佗的《编年史》，其中尼禄皇帝治世条下说：帝把“嫌疑罪犯，普通称为基督教徒的一伙人，处以酷刑。这一伙人的祖师叫基督(Christus)，是提庇留皇帝在位时被总督潘特奥·彼拉多判罪处死了的。这种有害的迷信虽然这样一时受到了镇压，但不久又再次爆发，不但蔓延到它的发源地犹太全土，而且终于到达了首都罗马，因为首都是各地藏污纳垢、百物汇集的地方，在这里它们得以隐匿并受到庇护和鼓励。因此，起初只抓了一些自己承认属于这一伙的人，但由这些人而株连到其他多数人，而全把他们处刑。他们之中，除了在市内放火的人以外，更多的是犯了憎恶人类的罪行。处刑的方法是想方设法使他们受尽嘲弄污

① 塔西佗(Tacitus, Cornelius，约55年—115年以后)，罗马历史学家，著有《编年史》(*Annales*)和《历史》(*Historiae*)两大著作。——译者

辱，有的被蒙上兽皮，嗾猛犬把他们活活啮死；有的钉死在木架上；有的用油料涂身，于夜间点火照明，加以烧杀。这时候，尼禄皇帝便把自己的院子（御园）让出来做展览场所，并安排种种有趣节目，让大家观赏取乐，而他自己则有时做御者打扮，混入群众中间；有时自驾马车游行观览。尽管这些人实际上是有罪的，应该受到惩罚，但终于因为不是为了治安，而是为了要让一个暴君感到满足而遭到虐杀，所以博得了世人的同情。"

塔西佗据传生于公元54年或55年，死于134年，毋宁说是属于2世纪的人物。如果上面一段话真正出自塔西佗之笔，那大概是在公元107年前后写下来的。他用极其轻蔑的调子，说他们基督教徒是因为犯了罪而被处死的所谓Christus（基督）一伙人。这只不过是把当时基督教徒自己所说的，照样重复一遍而已，难道可以作为确定基督存在的证据吗？何况这一段话是后人伪造，几乎已成为不可争辩的事实呢！请试听罗伯特·泰勒（Robert Tayler）下面一席话吧。

泰勒说："塔西佗的全部著作，或其他任何异教文人的著述，没有像这一段话那样适合于他们的需要。但基督教初期的祖师却都没有引用过它。"

"特吐里安[①]精读塔西佗的著作，常常加以引用，但他的议论一到有必要引用这段话来加以强调的时候，如果这一段话真正存在，他是绝不会忘记了的，但他却没有引用过它。……看这个祖师

① 特吐里安（Tertullian，约160—220年?），一译德尔图良，教会著述家，拉丁教父，生于迦太基，著有*Apologetieus*；*De baptismo*。——译者

关于塔西佗所说的话，到底不能认为书中有这么一段话。”

“亚历山大利亚的克雷门斯也付出了毕生心血，竭力收集他以前的异教徒作家关于基督或基督教存在所作的一切认定、证据，并加以举例说明，但他也没有引用过这一段话。”

“那个旁征博引不遗余力的犹西比乌斯[①]，也没有理由忘记这一段话。……”

“直到近世，这一段话才被用作基督教存在的一个证据。……在15世纪以前，世界任何地方都不见有这段话存在的痕迹……那么，这显然是一个假仁假义的人伪造出来的。这个人一定有写进这段话的本事和机会，而又有促使他这样做的强烈兴致。”这个伪造确是一个文笔通达的人干的，但文字上却显出缺乏塔西佗那种优美的心性和高尚的趣味，其对于基督教徒的特质的嗜血和残忍的记事感到有趣的心情跃然纸上，丝毫都没有加以掩饰。这也是泰勒说的。

尼禄皇帝迫害的事实

不但有理由证明塔西佗书中这一段话是伪造，就连尼禄皇帝迫害（基督教徒）这件事的有无，现在还存在着疑问。

法官斯特兰奇（Judge Strange）在其《耶稣其人及其使命》（*Portraiture and Mission of Jesus*）中说：“约瑟弗斯于公元

① 犹西比乌斯（Eusebius，约263—339），希腊神学家、教会历史学家，深得君士坦丁大帝的宠信。著有《教会史》（10卷）、《年代记》、《君士坦丁传》等。——译者

70 年到这个世纪末住在罗马，编写犹太人的历史时，如果当时有一派人积极活动，主张耶稣是弥赛亚（救主）再世，这个心细眼明的大文学家是没有理由不加以注视和评论的。”是的，犹太人的大史学家约瑟弗斯[①]对我们谈到了古来许许多多僭称弥赛亚的人及其党徒，而现在对于其所居住的市府，其所居住的当时，或在他居住以前，还有一个犹太族的弥赛亚的党徒，受到这样极其残忍苛酷的处刑——如果塔西佗书中这段话是真实的话——却像没有那回事那样，不闻不问，这不是很奇怪吗？

泰勒还引用了萨迪斯教长梅里托的著作，说明 3 世纪以前没有人成为受迫害的牺牲这回事。

我现在无暇对于初期迫害基督教的事实，加以详细的考证和评论，这里只提出下面一个问题就够了。

这就是：基督教徒如果主张尼禄皇帝治世的时候，即保罗住在罗马宣传福音的时候，进行了这么残酷的迫害，那么，他们对于新约书中《使徒行传》和《罗马书》所说的话，要怎么解释呢？

请看：

《使徒行传》第二十八章最后一段：“保罗居自赁之屋二年，凡来见者受之，传上帝国道，言主耶稣基督事，侃侃如也，无能禁之矣。”他公开宣传福音，无所顾忌，无人加以禁止。

《罗马人书》第十三章开始一段：“居上位掌权者，众宜服之，盖无权不出于上帝者，凡掌权者，皆上帝所命。”又：“有司不令善人

① 约瑟弗斯（Flavius Josephus，37—95?），犹太史学家。著有《犹太战记》、《犹太古史》等。——译者

畏，乃使恶人畏，尔欲不畏掌权者，唯行善，可得其褒。……以其为上帝仆、柄不徒操，刑加作恶之人。”在保罗及基督教徒心目中，当时的帝王官员，其实是褒善惩恶的上帝的忠仆。

是迫害之事真实呢？还是《使徒行传》和《罗马人书》之言完全虚伪呢？在对这个问题未能给予明确回答以前，塔西佗绝不能充当他们有利的证人。

苏艾托尼乌斯

其次，苏艾托尼乌斯[①]又怎样呢？

苏艾托尼乌斯约生于公元 65 年，殁于二世纪。他在他的史书中说：“有新奇而有害的（或魔术的）迷信的所谓基督教徒一伙人受到了处刑。”又另在克劳狄乌斯皇帝条下说：“他（克劳狄乌斯）把受到 Chrestus（苏艾托尼乌斯不写 Christus，而写 Chrestus）的嗾使而不断叛乱的犹太人逐出罗马。”这对于确立基督教徒的信仰，岂不是反为不利的证言吗？

这条记事如果是真的话，我们就可以推测：在克劳狄乌斯治世的时候，有一个名叫 Chrestus 的犹太人首领，住在罗马，煽动犹太人叛乱，他的党徒可能根据他的名字被称为 Chrestian 或 Christian，在被逐出罗马以后，在各地袭用这个称号。如果《使徒行传》第十一章二十节和二十六节有多少历史价值的话，似乎就可以证

① 苏艾托尼乌斯（Suetonius Tranquillus Gaius，约 69—140 年），罗马文人，现存著作有《皇帝传》（*De vita caesarum*）、《名士传》（*De viris illustribus*）残稿。——译者

明这个推测的正确。《使徒行传》说："门徒初次称为基督徒是在安提阿。"而来到安提阿的，是居比路人和古利奈人，"他们不向别人讲道，只向犹太人讲"。因为居比路和古利奈当然是从罗马逃奔到小亚细亚所必经之地。《使徒行传》的记事如果和苏艾托尼乌斯的记事是同时的话，那么，Christian 这个名称，不是先由他们带到这些地方来的吗？这不又是今天基督教徒所同意的吗？

然而，根据四福音书，犹太人 Christus 在犹太这个地方活动，公元 43 年前后被钉死十字架上。根据苏艾托尼乌斯，则在数年之后，同是犹太人的 Chrestus 住在罗马，不断煽动叛乱，由此出现了叫做 Christian 的一派。是前者假呢？后者真吗？如果他们基督教徒想要苏艾托尼乌斯充当他们的证人，那岂不是毁弃了神圣的四福音书吗？至少苏艾托尼乌斯不能证明基督——拿撒勒的耶稣的存在。

小普林尼

于是基督教徒便举出老普林尼的侄子小普林尼[①]上图拉真皇帝书来。小普林尼亦生于公元 61 年前后，死于二世纪。他的上皇帝书作于公元 107 年前后，是向皇帝请示要怎样处分当时的基督教徒的，书中出现了许多基督教徒和基督等字样。泰勒说当时罗马的信教极为自由，没有基督教受迫害这回事。小普林尼的书亦

① 小普林尼（Gaius P. Caesilius Secundus，61—114 年以前），罗马政治家，文人。著有《书简集》（*Epistolae*）行世。——译者

疑是后世基督教徒所伪造。即使它真正出自小普林尼之手,我们也只能据此看到所谓基督教徒一派,在二世纪初颇为盛行,蔓延各地;他们是卑贱的迷信者,微不足道;他们信仰的中心人物是一个名叫基督的人而已。这原来就不是我们所否认的。

可是再三再四细读小普林尼的上书,却一点都不能找出他确实知道、证明基督真正存在的字句。

于是,不但在1世纪,就在2世纪的罗马文学家的史传上,遭到了失败的教会和基督教徒,现在又将举出什么来给我们作为例证呢?

六　圣经以外的证迹（下）

犹太史家约瑟弗斯

大史学家佛拉维阿·约瑟弗斯与基督同是犹太人，生于公元37年，与所谓基督年代相距不远。如果这个人和斐洛一样不知有基督，没有记载基督，那对于基督教会和教徒倒是一件大事。

果然，在他的《犹太人古代史》（*Antiarities of the Jews*）一书中找到了关于基督的一段话："此时有所谓耶稣基督者，如把他称做人是恰当的话，那他倒是一个能人。他是一个不可思议的奇术师——爱真理的人们的教师，有好多犹太人和异邦人来跟随他。他就是基督。彼拉多[①]受到我国一些要人的怂恿，把他处以磔刑。但追随他的人却不抛弃他，因为他死后三天又再复活向他们显灵。这件事及其他关于他的无数不可思议的事件，是神通广大的预言者所早已预言了的。而根据他的名字命名的基督教徒一派，一直到今天还没有消灭。"

《马太福音》第十五章，耶稣说："我奉差遣，不过是到以色列家

---

① 彼拉多（Pilatos），《圣经·新约》中的人物，传说是犹太的总督（《圣经》做巡抚）。——译者

迷失的羊那里去。”如果这句话可信,那基督是不会吸收异邦人做他的徒弟的。而且犹太人对于古来预言者施行奇术是很熟悉的,而对于基督的奇迹却径直说是神秘不可思议,这在约瑟弗斯是不可能有的事。加以约瑟弗斯如果真正相信耶稣是救主基督,那他早就应该成为基督教徒了。如果他相信基督是神,那他早就应该对这神秘的化身加以严密的注意、研究了。但他却只是冷冰冰地说:“这一派人一直到今天还没有消灭。”看它的文字是多么的支离破碎,简直可以不用任何穿凿考证,它的记载本身就足以证明其为伪造的了。

而最初引用这一段话的,却是以任意伪造基督教古文书而闻名的犹西比乌斯,在他以前不曾见过这段文字。拉德拿、吉本、教长瓦巴顿、贾尔斯等都说它是伪造,《大英百科全书》记者也认为是伪造。它作为基督存在的证据,没有半文钱价值,可以毋烦我的赘述了。

不但约瑟弗斯是这样,当时犹太的文人史书也都没有说到基督。《大英百科全书》在其指出约瑟弗斯这段文字是伪造之后接着又说:“关于耶稣,我们不能从犹太人著作家那里找到哪怕只是一个的事实,只有从希伯来经典(Talmud)的异本(Unexpurgated Edition)中看到有约二十处说到基督。在这本书中基督的名字叫做潘特拉(Panthera)。”又说:“我们从异端者得到的知识(关于基督的),比我们所预期的,实际上要少得多。”

赛尔苏

潘特拉这个名字，赛尔苏[①]也说到了。赛尔苏是2世纪最大的历史学家和哲学家。他在海德利安[②]皇帝期间曾写过两本书，竭力从哲学观点抨击基督教的教义，而对于耶稣基督的存在，他也抱着怀疑的态度，只是根据教会古文书以及其他基督教方面的史料进行绵密考证的结果，认为玛丽亚与其夫离婚后在犹太流浪期间，曾和罗马一军人潘特拉通奸，生下一个孩子，这个孩子因为贫穷去埃及寻找活计，和当地一个魔术师认识，学到了一些奇术。后来他回到犹太，凭着从埃及学到的奇术僭称弥赛亚。而其所谓奇迹，通常是在奴隶、妇人、小孩等无知愚民面前表演的。

赛尔苏的书早已散佚不传，我们现在只能根据奥里金所引用的进行研究而已。这里不能详细论述并判断其是否得当。因此，是不是当时真正有一个叫做潘特拉的魔术师出来自称基督，或者今天的基督教徒就是这个潘特拉的党徒，不得而知。总之，不管怎样，我们可以设想，当时有过一个叫做潘特拉的伪弥赛亚的传说，而且具有足以作为凭证的多少理由。可是，这种说法对于耶稣弥赛亚，也只能帮个倒忙，至少一点都不能成为凭证。

---

① 赛尔苏（Celsus），二世纪前后的罗马哲学者，生平不详。著有《真实的语言》（*Logos Alethes*）。他认为基督教是对希腊思想（尤其是柏拉图思想）的误解和歪曲的产物，没有什么独创性，因而它的信仰是没有什么根据的。——译者

② 海德利安（Hadrianus，Publius Aelius，76—138），罗马皇帝。——译者

基督诞生和死亡的年月

一、二世纪的正史古文书不能证明作为一个人物的耶稣基督的存在，已如上述。既已不能证明其人的存在，也就难怪其人的诞生和死亡的日期也都渺茫不可得知了。

《钱伯斯百科辞书》说："基督诞生在何日何月，甚至何年；又其死亡的时日，教会的祖师们都不曾知道。今天作为他的诞生日的众所周知的罗马建国 752 年 12 月 25 日，这在四世纪中叶以前，没有什么痕迹可看出来，把他的生年作为纪元来算年代是六世纪才开始实行的。他的死亡的时日尚未得而知。"

《大英百科全书》记者说："我们尚未能确定基督诞生的准确年代，大概在公元前四年前后，却是多数考证家所一致承认的。"

关于诞生时日的一百三十二种异说

据勒南所记，关于基督诞生的年代，初期以来，在专门研究这个问题的许多祖师长老之间，出现了惊人之多的 132 种异说。即主张最远的和最近的，其间至少有 132 年以上的差异。这在像印度那样缺乏编年正史的国家，也许还可以说得过去，但在史家郁然辈出，史书灿然具备的世界文明古国之一的罗马帝国伟人大圣的生时，却还是这样渺茫难定，不是很可怪吗？

而且这种争论极为激烈，像多赛特派（即幻影论派），马西翁派，马夏康派等，竟然完全抹杀福音书中关于基督诞生及其 30 年间的生活的记事，而主张他是万能的上帝亲手作为成年人创造出来，马上就出现在约旦河岸。又如圣母玛丽亚的诞生及其死亡的年代，在四世纪以前也是无人知道。等到以弗所会议方才发表关于此事的宣言，把她的事迹规定下来。如果大史学家吉本的话可信，以弗所会议的宣言却是以弗所教长门依通过收买30至40个教长长老的投票，而且依靠吵闹暴力而始得以公布的。

可见，我们对于基督诞生的年代不能得到任何根据和证明。这种意见纷纷，莫衷一是的流言传说，比群盲评象还要难以置信，比流水行书还要飘忽渺茫。

那么，今天一般流行的罗马建国752年的说法，又是怎样被采用的呢？

约翰·布拉克(J. F. Blake)说："基督诞生的年代是一个叫做德尼斯或迪奥尼修·厄克西格斯(Denys or Dionysius Exigeus)的人最初决定的。他是公元580年前后住在罗马的一个无名的教徒。他的出身也不大清楚，据说他是叙西亚人(Scythian)。叙西亚人是罗马人一般对北方蛮人的蔑称。"

是的，今天的752年说，是到了六世纪末才由这个渺小的教徒无限的努力而始在年代上推算出来的。哪里料到，他所根据的，即据说是出自所谓使徒长老之手的古文书，今天其大部分已成为伪造不经之书，这是加特力和新教徒的历史家考证家所公认了的。就连迪奥尼修的推算，在八世纪以前，还不为教会和一般人所承认，成为长期辩论争议的根源。看来，这推算的采用也并不因为有了极为明确的证据，而只是后来为了教会的利便，出自专横独断的举动而决定的。

啊，耶稣基督这个人果真一度生存在这个世界吗？他的生存的痕迹何其如此不可辨认，它的证据何其如此不可得见！即使他的十二使徒都是不学无文之徒，其信徒都是卑贱愚昧之辈，但据称为自保罗以来历代传统的教会，却没有足够使我们信服的某些明确的事实，而不得不专靠许多伪造文书，收买投票和使用暴力的事情以确立其信条，其根据又何其如此薄弱！

于是，教会和基督教徒就将这样辩解，说什么"一世纪的历史之所以没有记载基督的事迹，并不是因为基督不存在，又不是因为不知道，而只是因为当时朝野上下都妒忌他，憎恨他，而竭力毁灭其事迹，镇压其信仰，学者文士亦受其遗毒和影响，至欲置之于不顾。古来自树一帜，坚持新思想新主张以反抗旧信仰旧组织而欲加以破坏者，鲜有不为历史家所抹杀的。"噫，可谓辞亦穷矣！

历史所载的许许多多弥赛亚

过去两千年间，为了响应犹太人的弥赛亚降生以拯救世人的预言而出现的，并不只是耶稣一人。不，其人数之多，实在是指不胜屈，而且尽管他们都是试图反抗和破坏当时的旧信仰旧组织的人，但其人物事迹不是通常彪炳史册昭然若揭吗？现在试举其中较为显著者如下：

二世纪初有一个叫西门的，僭称犹太人的王，乃弥赛亚，在犹太人中形成一大势力，建立政府，铸造货币，募集军队以反抗罗马政府。海德利安皇帝派军队去镇压，西门逃到毕特（Bither）被围战死。据一史学家传说，当时犹太人因为信奉这个弥赛亚而被杀的，多达五六十万人云。

公元434年，狄奥多西皇帝治世时，有摩西·克勒特西自称摩西二世，乃弥赛亚，向克勒特岛的犹太人说："跟我来，我为你们分开海水打开安全的通路，从这个不自由的地方逃出去。"群众便放弃一切云集到他的旗下。于是，他便带领他们来到海滨的悬崖上，让他们跳进海中，但海水并不分开，男女老少发出悲鸣，通通淹死在海中。弥赛亚本人亦惊慌逃遁。

公元520年查士丁皇帝时，有叫做大难的弥赛亚，自称是摩西的儿子，招收许多信徒弟子，在阿拉伯一个村庄菲里克斯被捕处死。

公元529年，犹太人和撒玛利亚人举行叛乱，反对查士丁皇帝，拥戴一个叫做赳良的假弥赛亚，帝遣兵进剿，杀死了许多犹太人，生擒弥赛亚而杀之。

公元721年，有叫做捷勒拿的在西班牙起来自称真正的弥赛亚，同时有许多信徒跟随着他。

1138年，波斯的犹太人某，亦自号真正的弥赛亚，纠集许多士兵举行叛乱，为政府军所讨灭，其信徒都被处以酷刑。

1157年，另一个弥赛亚出现在科多瓦，吸收许多平民信徒，受到中等阶层以上的人士的排斥。

1167年，有大卫·阿律，在摩洛哥、菲斯，召集了许多信徒。

同年阿拉伯亦出现了一个弥赛亚，自称能施行奇迹，被捕后送到国王面前，问他的使命，答称：受神差遣。叫他拿出证明，他说：砍我的头，我将复活。王如其言，终不复活。

事后不久，幼发拉底河畔有一犹太人僭称弥赛亚，集合众人，同样被处死。

1174 年,波斯又出一弥赛亚,无知贱民云集其下。

1176 年,奥地利摩拉维亚有大卫·阿玛奈,自称真正的弥赛亚,有隐身术,被捕处死。

1197 年,波斯有大卫·埃尔·大卫,是一个著名的魔术师,又是一个博学的人,自称是人们盼望已久的弥赛亚,举兵被擒,一度逃亡又再被擒处死。其徒甚众,都遇到同一的命运。

1502 年,德国有犹太博士阿赛,出现在威尼斯,称弥赛亚,在欧洲有许多信徒。

在此前后,有大卫·留彼尼,出现在葡萄牙,称弥赛亚,宣称天国发给了他必要的证书,从印度来,得到上层阶层的支持。

1615 年,又在印度出现了另一个弥赛亚,得到当地葡萄牙出生的许多犹太人为其信徒。

1666 年前后,在北叙利亚大城市阿勒坡,有萨巴太·赛布(一作勒比)自称弥赛亚,以色列十二支派的王,阿拉伯及亚洲各地民众闻风响应。他生在犹太人家庭,有神童之名,15 岁学加拔剌[①],18 岁得圣者称号,讲圣经,24 岁称大卫的子孙弥赛亚,后受迫害逃避各地,到处宣传教法,终于创立了一派的宗教。据传他的信徒至今犹存。后为土耳其政府所胁迫,改信回教,这是许多弥赛亚中最大的,引起了不少世人的注意。

1682 年,德国犹太人拉比·摩大哆,在意大利号称弥赛亚,有很多信徒,后受迫害逃至波兰。

18 世纪中叶,有波兰的犹太人,称弥赛亚,有多数信徒,死后

① 加拔剌(Kabbālāh),一译喀巴拉,意为"传授之教义"。——译者

参加葬礼的达四千人之多。

以上列举的弥赛亚都引自正史，不是引自四福音书那种荒唐神话小说，是记载真人真事的正史所传的，不，只是正史所传的一斑而已，若把它的全部集合起来，恐怕要多得不胜枚举吧。

古来没有比基督教妒忌、憎恨异教异端以及其他许许多多新思想新信仰更加厉害的。基督教会及基督教的帝王政府，对于异教或敌人的迫害，极其凶恶残忍，常使人为之目不忍睹，而一般史家学者却不像他们那样狂热，大都不失掉公平冷静的心性，故虽在基督教会全盛以后，对于许许多多小弥赛亚，伪弥赛亚的人物事迹，事无大小，都加以记载，毫不忌讳。何况在罗马文明社会，对一切哲学研究，宗教信仰都极宽大自由，而独对于那可说是所有弥赛亚中的最高最大的耶稣基督的生死言行，却一点都没有文字可证，这绝不是轻易地用“抹杀”一语所能辩解得了的。

古代遗物的探查

于是，在文书的证据方面遭到失败的教会，便又在古代遗物的探查中去寻找。

1578 年，德·洛西伯爵、巴利奥、马西等人奉教会之命，去希腊、意大利、小亚细亚等地调查古坟，以期发掘出足以证明关于基督及其信条的遗物。他们付出了长时间和大量的劳力，结果发现了鸽、锚、橄榄、羊、棕榈叶以及希腊文字 AΩ(alpha and Omega)等标记，并且相信这些都是耶稣基督的标记。而研究的结果，弄清楚了它们原来是三世纪以后的东西。后来这同样的标记，又从世人所熟悉的犹太人古坟中被发现,但这些却是基督诞生以前的时代的遗物。

可怜基督教会所赖以死守的这最后的堡垒,也就这样不攻自破了。基督除了它的名字之外,阴影之外,找不到它的任何实体存在。不迷信的人,讲道理的人,便不得不否定基督的存在。

赖克博士认为,基督及基督教的证据,只有依靠信仰,不是有任何历史根据的支持的。是的,基督教的信仰实在是赤裸裸的信仰,不是历史、科学、常识所关与的。如果世界有什么可以保证这种信仰的话,那只有依靠教皇的权力、皇帝的威势、严酷的审判、残忍的刑罚而已。

试想:刀锯在前,鼎镬在后,威胁地说:信奉基督,不信则死。礼拜玛丽亚,不拜则死。即使同是基督教徒,只因为不同意基督的神性,或是怀疑三位一体,而被立即割掉舌头,斩断手足,活活地烧死的,古往今来不知有几万人!

啊!火的信仰,血的信仰,暴虐淫威的信仰,我们还能始终宽容、承认、服从这有名誉的信仰吗?科学、历史和常识不是明确地否定了这个信仰吗?

他们也许还会这样说,基督的事迹果然现在找不到,但一世纪以后,基督教本身以其庞大的势力,广泛传播、发展,这是有目共睹的大事实,如果没有基督,怎么会有基督教呢?基督教的存在本身,不正是基督存在的确凿证据吗?

这里,我们还必须对基督教的起源和性质,再来进行一番探讨。

七　基督教的起源（上）

他们说，基督教是耶稣基督所创立的，没有基督，怎么能有基督教呢？

宗教不一定要由个人创立

古来博学有远见的人，有能力创立一宗派，这不能说完全没有，但宗教或信仰，本来却并不一定要有一个创立者或祖师然后才能成立，反而多是根据自然的法则而生成发展起来的。古代人，尤其是蒙昧未开的民众，不但把一切大事加以人格化，而且把一切异常的理想、原理、事件等加以人格化，这几乎可说是通常的事例。在多数的场合，正如说不是神创造人，反而是人创造神一样，与其说是祖师创造了宗教，倒不如说宗教创造了祖师，这绝不是什么新奇的事。

施特劳斯回答鲍尔的批评说："人格并不一定只限于每一个人。名字常常被用来代表多数人或诸国民全体，而基督这一人物，并不是那个从来被叫做基督教的宗教成立的必要条件。作为一个人的基督已消失了。他在福音书编写以前就不见了。总之，不管在基督教国家的地上地下，都看不到基督这个人物存在的任何明显的迹象。”

要想知道基督教的成立是不是需要有基督这个实际人物，是不是没有基督这个创立者便没有基督教，就请看看基督教本身的性质是怎样的；它的信条，仪式，传说是怎么样的；它们之中是不是只有耶稣才能表现出来的独创的事物，是不是只有耶稣才能看得出来的特殊的色彩。

安妮·贝赞特[①]指出："像星辰告诉天文学者，岩石告诉地质学者某些事情那样，基督教的标记和仪式，也明显地对古代宗教研究者给予了某些教示。是的，像地层保存着过去动物骸骨那样，基督教教会也保存着古代信条的化石遗物。这样，我们就一定能够找出某些贯通东方诸国一切信仰——基督教也是其中之一——的亲属类似关系。因此对于他们用同一标记去表示同一观念，就不至于感到惊奇。即处女和婴儿，三位一体，十字架等主要标记，都可在这些共通的宗教中找到。它们深深地植根在人性中而表现在东方各种信仰上面。”

是的，当我们仔细地研究基督教本身，就可以知道并没有什么基督个人的独创的事物、特殊的色彩，而反会看到充满着古代诸宗教的遗物。我们不难像科学家通过岩石或星辰的研究去获得关于天体、地层的知识那样，通过它的标记，仪式的研究去获得关于基督教的起源的知识。

---

① 安妮·贝赞特(Annie Besant，1847—1933)，英国女神智学者，神智学会会长。著有：*Reincarnation*，1892；*Karma*，1895；*Theasophy and the new psychology*，1904。——译者

太阳崇拜与生殖器崇拜

这样，迈开了研究的步伐，追溯到它们的渊源，我们就一定能够达到遍布在太古社会的二大信仰：一个是太阳崇拜，另一个是生殖器崇拜。现在就请让我就这二大信仰的本质说明一下。

太阳崇拜和生殖器崇拜的信仰，两者不但互相错综、混合在一起，而且因为它们的中心思想相同，所以不容易弄清楚两者哪个发生在先，哪个发生在后。但从它的单纯而且容易被我们接受的角度看来，生殖器崇拜应该发生在先。当人类摆脱野蛮愚昧境地而进入文明发达的时候，我们首先崇拜那最直接的不可思议的力量，即生产新生命的力量，换言之，即生殖力，这是极为自然的事。把太阳看做伟大的生命生产者，应该属于人类推理想象稍为发达以后。看来，太阳崇拜似乎是生殖器崇拜更为理想化了的东西，因为两者都是对同一“生生之力”的崇敬，而古代各种信仰都是以这种生殖的观念为中心，而在它的周围打转的。

说起来，要研究这些古代的信仰，首先必须摆脱把任何自然物看做猥亵的近代的习俗。琼斯(Sir William Jones)氏在其所著《亚细亚研究》一书中，关于印度人所说的那一段话，说得很好。他说：“把任何自然物看做猥亵而加以排斥的这种思想，似乎并未曾进入到立法者或人民的脑海里，这是他们一切文书和会话中所常见的特异的现象，但这绝不能成为他们道德堕落的证据。”

生殖器的标志

是的,简单地根据近代思想的立场去衡量古代的信仰,是极为不公平的。在当时,所有的自然之力都被看做神圣,其中尤其是创造生殖之力,占着最高的地位。无论崇拜那用光和热去使土地受胎的太阳,或是崇拜那动物界中一般生殖的根源的男女生殖器,都不外是对这种"生生之力"的崇敬。于是,我们就在古代雕刻中看到男女生殖器赤裸裸地,或是象征性地被表现出来,而这种表现的方法,亦随着文明的发展而越发成为习俗的、技巧的,并加上各种改良和修补。即在幼稚的世界,《创世记》里所谓"赤身露体,并不羞耻",到了成熟之后,便有的安上人的形体,更用宗教的标记加以装饰。但是,像身体本身并不因为穿上服装而有所变化那样,即使用巧妙的标记加以修饰,它的思想观念却依然是一样的。

乔治·巴德乌德(Birdwood)氏在达尔威拉伯爵著《记号的变迁》(*Count D'Alviella's The Migration of Symbols*)的"前言"中说:"他们(古代人)到处看见创造生生之力的活动,就想用有形的具体的记号去表现这无形的神灵的造物者,到处采用了这种力的极为浅近的器物……闪族诸国常把刻有男根(男性生殖器)的石像或木像称为 beth-El(神宫之意),有时简称为 El(神本身之意),就是这种粗朴率真的精神的表现。阿西妥勒特(Ashtoreth)就是用有男根形象的球果的松柏类(Cupressus Sempervireus)作为它的记号的。这就是西亚的'生命之树'(Arbores vitae)的一种。赫尼西亚的雕刻中的三角塔形的女神的标记就是从这里脱胎出来的。不，南欧处女玛丽亚的护符，有坚硬的松柏类的标记，也是从这里引申出来的。16 世纪以后，我们更看到美国把'生命之树'(Thuja occidentale)圣化而配给玛丽亚。这些都是和印度人到处建立男根(lingam)和女阴(yoni，女性生殖器)，或让两者结合起来，拜倒在它的面前，把它当做造物神的最高记号来崇拜的同样粗朴率真的冲动所引出来的。"生殖器崇拜对于古代人便不能不成为极普通的，而且必然的习俗。

于是，生生之力便立即变成神，变成崇拜的目标，阴阳两性的结合便成为万民感激景仰的对象，天配地，男配女，一切宗教的基础便由此而成立。

从人间得到生殖器用做生生之力的标记的古代人，便进而从宇宙得到太阳。古代波斯人把天空叫做 Jupiter 或 Jupater，意即父 Ju (Ju the father)，而这作为万物之父的天空，即造物主的生殖器，就是太阳。太阳的光和热使大地受胎而生出万物。故太阳和天空本身一样立即成为万物之父而受到崇拜，成为加在最高神的形象头上的记号。

太阳的记号

古代人相信太阳在一年之间，运行于所谓黄道(Zodiac)十二宫之间。十二宫就是白羊宫、金牛宫、双子宫、巨蟹宫、狮子宫、室女宫、天秤宫、天蝎宫、人马宫、摩羯宫、宝瓶宫、双鱼宫。而春分叫做一阳来复，即在冬至时死去的太阳到此时完全复活。这个时候太阳所在的天宫，通常被用来作为造物主或生殖者的记号。起初是 Bull(金牛宫),后来是 Lamb(白羊宫),都是生命授予者的记号。古代人用牡牛,用羊,有时用双角来画日神,就是这个缘故。于是地上的动物也作为神圣之物而受到崇敬。

波斯的日神 Mithra 被雕塑成骑牡牛的形状,埃及的日神 Osiris 带着牡牛角,作为 Osiris-Apis 或 Serapis 受崇拜。Apis 就是牡牛,意即在金牛宫的日神。而春分太阳移到白羊宫时,即为 Jupiter Ammon,意即带羊角的 Jupiter,进一步便成为神的小羊耶稣。

关于耶稣这个人和太阳崇拜的关系,我们在下章另外再谈。现在只要领会这些记号通常是用来表示那个击败黑暗和死亡,给这个世界带来生命的太阳就够了。

除了朱庇特(Jupiter)、奥西里斯(Osiris)、美斯拉(Mithra)以外,还有撒旦(Suturn)、巴克科斯(Bacchus)、阿多尼斯(Adonis)、狄俄尼索斯(Dionysius)、阿波罗(Apollo)、赫拉克勒斯(Hercules)、赫耳墨斯(Hermes)、忒弥斯(Thammuz)、耶和华(Jehovah)、爪奥(Jao)、摩洛克(Molock)、巴尔(Baal)、阿舍(Asher)、马哈特瓦(Mahadeva)、梵天(Brahma)、毗湿奴(Vishnu)、伯拉斯(Belus)等印度、埃及、希腊、罗马、赫尼西亚、亚述等的诸神,也都是生命授予者的异名,他们都是和地对立的天,和黑暗对立的太阳,和女性对立的男性,是生生之力的神格化,是造物主,是生殖器。

这个造物主不但显现为牡牛,羊,而且还用更多的记号加以描绘:火炬,火焰,圆锥,蛇,萨拉斯(巴克科斯神的拐棍,用茑萝或葡萄叶装饰,头上戴着一个松球),三角形,十字形,卡底赛阿斯(墨丘利神的拐杖,有两条蛇缠绕,顶上有两个翅膀),头上有球的竿,乔木,直立的石,笏,牧标,尖塔,招橹,直柱,矢,枪,剑,棍棒,直立的

桩子等，都是古来用以代表最高神的生殖力的，这些记号的特点在于其形直立，其质刚健，其色红，或有火焰。

十字形也是生殖器的记号

其中最通行的是十字形。以为十字形的宗教标记，出于基督的被处磔刑，把它当做基督教的专用品，那是大错特错。十字形是从野蛮蒙昧时代以来，在世界上到处为人所礼拜的。

连那个忠诚于基督教的麦克林托克，也在他的《圣经百科辞典》中这样写着："十字形早就在古代诸民族中，作为神圣和永生的标志而为一般所使用。赛拉卑斯神殿用过它，伊西斯、伊赛里斯及其他神殿也发现过它，科尔斯巴德和尼姆罗德的雕刻也有它，印度的殿堂壁上也刻有它，普利顿人、高卢人、斯堪的纳维亚人和赫尼西亚人中，也广泛地使用它。初期基督教徒使用它时，添上了葡萄、鱼、小羊等记号。"

古代各种十字形

据达尔威拉伯爵的《记号的变迁》，西班牙人占领中美洲时，看到土人的神殿中祭祀十字形。该书又说："圣安多尼十字（支柱形十字）即丅形记号，在巴勒斯坦、高卢、古代日耳曼及古代中美洲的土人中，几乎都被作为同一意义使用。在赫尼西亚人中，它被叫做Tan，表示生命和健康。居尔特族及古代日耳曼人把它做成两头的神槌，相信它是生命和丰收的器物。"在初期基督教徒中，也和十字形一样使用丅字形,叫做"生命之树"(Tree of Life)。据勒维(Albert Réville)说,中美洲人把十字"称为昌盛之树,做 Tan 形"。该书又说亚述人使用♁形的十字,表示天空之神,亦表示日光。卡尔底亚(Chaldeans)、印度、希腊、波斯人也有和它同样的东西。

安妮·贝赞特说:"我们在印度、埃及、西藏、日本等地看到十字常被用做生生之力的象征。它常作为护符被带在妇人少女身上,尤其是在寺院神殿服务的妇人少女身上,似乎是作为可以唤起她们的宗教心的源泉的符号而佩戴着。是的,十字这个标记只不过是醇化了的男根。基督教使用它只不过偶尔表示它的起源是出于异教而已。当它被基督教徒所礼拜、雕像、佩戴以前,早在很久以前的古昔,就被那些太阳崇拜者,自然崇拜者作为神圣的记号安放在神殿中向其礼拜,或者作为装饰品带在身上。在罗马加特力教会和英格兰教会,拜倒在十字面前的群众,只不过是古代异教殿堂跪拜在十字面前的群众的翻新而已。现在把它带在身上的少女——即使她们一点都不懂得它的意义——也只不过是模仿古代印度、埃及的妇女的做法而已。"

撒坦的标志是十字和羊的角,朱庇特也有带着羊角的十字。维纳斯的标志则是画着十字的圆环。埃及诸神也用十字和卵形(Oval 即女阴的象形,这下面还会谈到)来表示。德雷德教徒用两条柏树枝交叉做十字形,找不到柏树枝的时候就用横木钉起来代替,以供祭祀。由此可知十字的记号由来已久,而且流传很广。

总之,它起初只画男根的形状,逐渐加工,修补,或做丅形,或做十形,或做三个球形(在两个球上面放一个球),或饰以葡萄,放上鱼,加上羊,最后附上人形。那些学过点符号学的人,还可以看到以十字为本源的标志徽章，千姿万态，多得不可胜数。

十字架上的人像

十字不是基督教所创始，已如上述。在十字上安上人像，即今天的十字架，我们也可在基督教以外及其以前看到。印度的克里什那（黑天）像也画或刻在十字上，埃及人画奥西里斯，也放在画十字的圆的中央。

罗伯特·泰勒的学说更加有趣。他认为尼罗河的流水把土壤和肥料输送到下埃及的土地上，使这个地方变成膏腴。这是这个地方所以肥沃的唯一绝对的原因。如果没有这条河，埃及也只能和非洲其他地方一样，同是不毛的沙漠。所以迷信的人民便对它深为景仰，不只把它当做普通的水神，而且向它奉献上埃及朱庇特的尊号。无知的他们还进而把尼罗河沿岸的木标当做神圣之物向它礼拜，也是从这里派生出来的。因为这些木标做十字形，它的横木表示水量所达到的高度，土地的价格以此为标准，旅人也据此以确保他们的安全。于是，在埃及人看来，尼罗河沿岸的十字柱便成为幸福、和平、丰收的显著标志。如果尼罗河的“生命之水”不涨水，或者涨水达不到十字柱横木的高度，“饥馑的魔神”便横行破坏，使这个地方充满着悲惨恐怖。崇拜十字柱把它当做幸福、和平、丰收的标记的众民，便进而描绘饥馑的魔神，加以咒吗，而他们表现饥馑魔神的标记，却是垂头丧气，憔悴枯槁的一个可怜的形象：用荆棘编做冠冕戴在它的头上，表示其所支配的土地归于荒芜；它的右手里拿一根苇子做笏，表示让它发挥权威使河水不溢出

河岸。为了表示它的彻底灭亡,还把它钉在十字柱上,题上"此乃犹太人之王"的字样。这是因为他们埃及人把犹太人看做没出息的卑劣的民族,相信他们的命运是要受到饥馑穷困的支配的。

请看,荆棘之冠,芦苇之笏,憔悴枯槁之状,而又写上"犹太人之王"的字样,这不和耶稣基督的形象一模一样吗?看来,后世描绘基督不正是以埃及的"饥馑的魔神"作为粉本吗?

尤其值得注意的是,像麦克林托克所说的那样,初期基督教会并未曾使用把人物钉在十字架上。从君士坦丁帝时起到六世纪末为止,基督教的十字只在它的上面安上羊,到了公元六八〇年,方才根据君士坦丁堡会议的布告,禁止使用羊而代之以人像。

请想一想,如果真有基督其人,基督教的标记是由于他的磔刑,那么,为什么起初的时候不附上人像,而安上古代日神记号的羊呢?可知基督教的十字也并不是它的独创物,而只是礼拜太阳和生殖器所表现的生生之力的古代信仰的遗物而已。

三位一体的思想

三位一体的思想,也和十字一样是东方诸宗教所共有的,是从后者同一的观念生出来的。因为一切生命都是从男子的三位一体迸发出来,所以作为造物主的神也必然是三位一体。

在印度,是梵天、毗湿奴、湿婆的三位一体;在埃及,是奥西里斯、荷拉斯、拉(Ra)神的三位一体,称为大神,子和圣灵。而这些三位一体的记号,当然是用十字,或特别用莲花及其他一茎三叶的形状,后世基督教会所常用来做装饰布雕刻的百合花、三叶、三角形等都是从这里转化出来的。研究其他古代诸宗教的神话传说的人,可以看到到处出现的三位一体观念。

但是生生之事,绝不只是天所能做到,还必须有地,绝不只是男人所能做到,还必须有女人,古代宗教除了三位一体以外,还必须有第四位神,即女神。由此可知,处女玛丽亚也绝不是基督教所创始的。

八　基督教的起源(中)

有了天,就不能无地;有了男,就不能无女。古代的信仰尽是女神,崇拜那作为它的记号的女性生殖器,便成为自然必至之理了。

女神的信仰

女神的信仰也和男性造物主的信仰一样,太阳崇拜和生殖器崇拜两者互相混合错综,有时成为和天空对立的土地本身的显现,有时成为和男人对立的女人的理想化。伊斯(Is)、伊西丝(Isis)、伊西塔(Ishtar)、阿斯塔特(Astarte)、美利塔(Mylitta)、萨拉(Sara)、慕理拉(Mrira)、玛伊亚(Maia)、帕尔瓦蒂(Parvati)、美利阿姆(Miriam)、夏娃(Eve)、朱诺(Juno)、维纳斯(Venus)、狄安娜(Diana)、阿尔特美斯(Artemis)、阿芙罗蒂特(Aphrodite)、赫拉(Hera)、莱亚(Rhea)、西贝尔(Cybele)、色列斯(Ceres)等神,虽然名字各自不同,而其实质却同是土地,女性的生命生产者,约尼即女阴(女子生殖器),妇女,母亲,the mother、mamma、emma、ummah、woman。埃及的伊西丝虽然和奥西利斯、荷拉斯一起被包含在三位一体中,其他多数却在三位之外,作为第四位的一个神格,好像后世基督教的玛丽亚所占的地位。

女性的记号

这些女性的记号，亦不一而足，如土地、月、海中之星、圆、印形、三角形、石榴门扉、箱子、鱼、船、蹄铁、罅隙、孔穴、天上之处女等。大多是作妇女生殖器的形象，其色用黑。

它们都享有现在玛丽亚所有的各种尊号，作为“天上之女王”受到崇拜。巴比伦的伊西塔被称为“诸神之母”、“诸星之女王”；埃及的伊西丝被称为“我们贞洁的女子”，头戴星冠，有新月的徽章；维纳斯用鸽子覆抱的箱子来表示，有时描绘为映在水中的月亮。

它们参加创造救世的事，一般都是作为处女怀孕生子。十二宫中的 Virgo（室女宫）在古代雕刻中被描刻成给幼儿哺乳的妇女。在印度，有德维瓦基和克里什那母子；在埃及，有奥西里斯和荷拉斯母子，在基督教国，有玛丽亚和耶稣母子。现在试把描写这些母子的古代印度、埃及的绘画雕刻，和欧洲的对照来看，除了它们的服装以外，其他几乎一点都没有差别，这不是很可怪的吗？

埃及的神圣的牡牛阿卑斯没有父亲，只有由太阳光线的照射而怀孕的牝牛生出来，它的母亲没有生第二个崽子，恰如后世玛丽亚没有和男子交合只生耶稣，而没有生第二个儿子一样。朱庇特变成白天鹅和勒达通奸，很像圣灵变成鸽子覆盖着玛丽亚一样。中国的神话中也有踏巨人的足迹而怀孕的。赫拉克勒斯生后，他的母亲还是处女。信德明谷的蛮人的最高神是妇女形象，称为“诸神之母”。在比崇拜男根更多崇拜女阴的民族，女神的威灵远驾男神之上,不用男性,甚至不用男性神灵的交感而生育儿子,并不是罕见的事。

两性兼有的神

此外,还有两性兼有的神,有男女生殖器互相结合的记号。埃及诸神所有的“生命的记号”(Symbol of life),是十字和卵形的结合,即在丅形上面安上卵形,做♀的形状。在圆中画十字,也是意味着男女的结合。流传世界各地的 Gammadion,即卍字形,巴德乌德认为只不过是女性的记号,但霍夫曼(M. J. Hoffman)却认为是两性的结合。其他还有六芒星形,五芒星形,两个三角形的结合,三角和圆的结合,钥匙,安上半月形的棍棒等。

两性的神,有厄罗嗽(Elohim)、巴里姆(Baalim)、巴拉特(Baalath)、阿尔巴依(Arba-il)、长胡须的维纳斯、女形的约维(Jove)等。处女和幼儿的画像也可以看做两性兼有的神体。

由此可知,基督以外,三位一体以外,还有圣母玛丽亚,这也并不是基督教所创始,而只不过是古代的女性崇拜的遗物而已。请看,今天的基督教徒有在星期五光吃鱼肉的习惯,星期五(Friday),意味着 Freya,即女神维纳斯日,这不就是因为鱼是女神的神圣的记号吗?

基督的神性

关于基督的神性,这也在基督教以前就已有和它几乎完全相同的教义：一个是希腊的柏拉图，另一个是犹太的斐洛。

柏拉图的思想，散见于其浩瀚的著作中，现在要把它简单概括出来，颇不容易，但是基督教的教义间接地或直接地受此公元前四百年的大贤的影响，是无可争辩的事实，却是多数学者所公认的。

柏拉图的教义与基督教

说神是唯一者，我们热爱他，侍奉他，要像他那样圣洁和正直；说人的真正的幸福，是由于和神相结合而成立的，灾祸是由于离开了他；说灵魂是黑暗，只有通过神而得到光明；说没有比信仰还要可靠，信仰是一切美德的源泉，是神所赐予的；说与其犯罪宁可死去，与其犯罪宁可受苦；说"语言"创造了世界，知道把它变成有形的语言，能使我们的生活幸福；说什么灵魂不灭，死者复活，而且有最后的审判，脱离永劫的痛苦等等，柏拉图的这些思想，不正可直接在新约圣经中看到吗？

不但它的教义相同，基督诞生的故事，也和柏拉图的诞生极为相似。传说柏拉图是一个叫做伯里克蒂奥涅的处女，接触到阿波罗的神灵而生出来的，神把这件事告诉了处女的许婚阿里斯顿。这是在柏拉图死后数百年间，一直到基督生时，为人们所相信，他的弟子有把他当做神子来崇拜的。要把它看做偶然的暗合，不是时代太古，而又太为世人所熟闻的吗？

斐洛的教义，不外是柏拉图的祖述和扩充，仿佛和基督教一个样子。

斐洛的教义与基督教

神是我们所不能知的,我们只能知神的存在而已。要对神下个界说,赋予某些定义,那是完全不可能的事。我们所能知道的,只是他所差遣的神子,第二位的神,逻各斯即神的语言,和世界交往,支配世界这个事实。人间堕落了,任何人都不能无罪,但幸而可以赎罪,依靠逻各斯的帮助,悔改而得与神合一,这便是斐洛教义的要点。逻各斯即神的语言,便是他所人格化了的理想的救主。这便是新约圣经《约翰福音》所谓"太初有道(逻各斯),道与神同在"。他所说的逻各斯的性质、威灵,和新约圣经基督所说的没有什么不同,甚至连文字、语句,也有很多完全相同。莱克牧师(Rev. J. W. Lake)曾经详细地把两方的字句,互相对照,载在他所著《柏拉图、斐洛和保罗》一书中。安妮·贝赞特更在她的《基督教论》中花了小号字六页的篇幅加以引用,现在摘录它的几点如下:

斐　洛	新　约
逻各斯是父神的儿子。 (De Profugis)	指证这是上帝的儿子。 (约翰一之三十四)
逻各斯是神的肖像。 (De Monarch) 而又是万物之最古者也。 (De Confus Ling)	他(基督)是那不能看见的上帝的像,是首生的,在一切被造的以先。 (哥罗西一之十五)
逻各斯比天使还要优越。 (De Profugis)	他所承受的名,怎样比天使的名更尊贵。 (希伯来一之四)

逻各斯是造出世界的工具。 (De leg Allegor)	万物是借着他(逻各斯)造的,凡被造的,没有一样不是借着他造的。 (约翰一之三)
万物由于神的语言而赋予秩序。 (De Munli Opificio)	万物都是借着他(耶稣基督)有的。 (哥林多八之六)
逻各斯是生命的源泉。逻各斯即一切智慧的源泉。为了接近神的语言而努力不懈的人,是最大的功德。多饮此神圣之泉的人,不死而且获得永远的生命。 (De Profugis)	凡喝我所赐的水的,就永远不渴,我所赐的水,要在他里头成为泉源,直到永生。 (约翰四之十四)
逻各斯是神的羊群的牧人……神像牧人一样,同时又像王者一样,以极完全的秩序和公正进行工作,又命其头生儿公正的逻各斯,以大王的代理人的名义看守他的神圣的羊群。 (De Agricult)	群羊的大牧人我主耶稣…… (希伯来十三之二十) 我是好牧人,我认识我的羊,我的羊也认识我。 (约翰十之十四) 你们从前好像迷路的羊,如今却归到你们灵魂的牧人监督(基督)。 (彼得前书二之二十五)

以上仅摘录两三点,不就可以知道,现在基督教的救主在伯利恒作为人子产生出来以前,另一个救主,以逻各斯的名义,早在斐洛的脑子里产生出来了吗?

罗伯特·泰勒说:“初期的基督教徒几乎可说是原封不动地照抄斐洛的教义,逐字逐句抄袭他的著作的大部分”。又说:“这种抄袭,从教义本身起,涉及典礼、仪式、祭祀、戒行、赞歌,一直到主教、长老、教士等的规则,有关使徒,祖师的观察主张等,换言之,即一直到斐洛教派所实行的细节,全部为初期基督教徒的师父等所模仿”。

基督教酷似斐洛教派，这在基督教徒学者之间也不敢加以否认。就连犹西比乌斯也说：“我们的福音书，实质上不外就是斐洛派使用过了的东西。”白里安（Jacob Bryant）也广泛涉猎斐洛著作，摘录和新约全书文字章句相似的地方，加以互相对照，企图用以证明斐洛是一个基督教徒。可笑的是，他在这里却忘记了斐洛的著作多数是基督（如果真有其人的话）幼年时期所写下来的。这不过是无意中暴露了基督教反而模仿和抄袭了斐洛的著作。

灵魂不灭之说

灵魂不灭之说，也是早在基督教发生以前就为异教徒所相信。

埃及人自上古以来就相信死者的灵魂会转生为下等动物，最后回到原来的体内。为此，他们把尸骸弄成木乃伊保存下来。后代有教养的人士，虽然只是相信灵魂不灭，但多数民众还对肉体的复活深信不疑。印度人亦根据现世的业因来说明未来善恶的果报，这是我国人所熟悉的。波斯的琐罗亚斯德（Zoroaster）早在公元前一千年乃至二千年以前，就宣传灵魂的不灭。其他希腊、罗马的哲学家中很多提倡灵魂不灭之说，就更不用多说了。

一神的思想

基督教夸称它所独创的为一神教，即主张神是唯一的，他们以为这比信奉多神的异教高明得多，但事实上果真是这样吗？

基督教的一神是畸形的一神，是合父、子、圣灵三位为一神，如果这样称得上一神教，那么，上古的思想家中，就有很多是相信这种上帝即最高神的，这有什么值得夸耀的呢？他们在最高神之外，还崇拜其他许多神，好像基督教的所谓天使，所谓圣徒，即唯一神的使者、属员，不是他的平等的竞争者。

在蒙昧野蛮的时代，任何民族没有不是相信多神教的，这正如希伯来人一样，他们的神是耶和华，他们并没有不承认他们周围各国分别各有自己的神，而只是相信自己的耶和华比较其他诸神更为优越。跟着人类文明的发展，各国中的贤明人士便放弃多神的思想，而达到只相信唯一神，这是必然的趋势，基督教以前数百年乃至一千年前的古代，早就可以看出这种教义的兴起。

据英曼所引，琐罗亚斯德早就说过："神最高，不受损伤，永在，不生，不灭，不可分。"萨比亚人（Sabaean）的祈祷文中亦有："您，是永在者，万物的秩序以您为中心，……您包罗万象，您无限而又不可思议，独立自在。"上古印度文明的花朵，比基督约早一千五百年的梨俱吠陀经，和约早一千二百年的摩奴法典所载，亦极相似。前者唱道："唯一的神，大灵，它是万物之灵，故称太阳。它是唯一者，智者给它各种称号，天才诗人用语言创造出各种美名，但它却是唯一者。"后者则说："一切神的集合就是唯一的神灵（The Divine Mind）……它 Brahmin，在其身体机能上，可以看做城郭，天空，火，水，微粒的以太；在其心情上，可以看做星；在其运动上，可以看做毗湿奴；在其勇气上，可以看做哈拉；在其言论上，可以看做阿祇尼；在其消化上，可以看做密多罗；在其生产上，可以看做梵天，可是它却应该是一切它们的支配者的最高的普通理性（Omnipresent

Reason)。”而柏拉图说它是唯一的神,这也是上面说过的了。

是的,从多神教转移到一神教,是世界到处都可以看到的,随着人智的进步而发展的自然的进化,并不是什么超自然的天启,基督教提倡此说,已落后了不知多少年,哪里还有什么独创可夸呢!

中介者

中介者(Mediator)的思想,也是从波斯引进来的。基督以前的美斯拉神早已有这个称号。琐罗亚斯德称他的唯一神为永远无穷不可思议的实在。从它生出来的 Ormuzd (奥尔穆兹德)[①]是善、光明、造物主。和 Ormuzd 对立的有 Ahriman (阿里曼),是恶、黑暗、破坏者。它们的中间就是美斯拉,即神和万物的和解者,其实就是和 Ormuzd 异位而一体。如前章所说,美斯拉是被描写成牡牛形状的日神,像基督以小羊作为记号那样。

莱克所著《柏拉图、斐洛和保罗》一书中说:“美斯拉是和灵的黑暗斗争的灵的光明,通过它的努力,可在黑暗的王国中点燃天上的光辉。”上帝(永远)恢复了万物,世界被神赎了回来,不纯的东西变成纯洁,有害的东西变成善良,这都是由于 Ormuzd 和 Ahriman 的中介者 Mythra (美斯拉)的和解而得来的。美斯拉是善,其名为爱,对上帝是恩宠的源泉,对人是生命的授予者、中介者。它像梵天降下吠陀那样,从上帝口中降下“语言”,这不是也和《约翰福

① 奥尔穆兹德:即琐罗亚斯德教的光明神胡腊玛达(Ahura Mazda,希腊文作 Ormuzd),本原为善。阿里曼是黑暗神安赫腊曼纽(Angra Mainyu,希腊文为 Ahriman),本原为恶。——译者

音》及其他新约圣经所说的基督一模一样吗？是的，基督并不是中介者第一代，而只是它的模仿者而已。

以上从它的根本教义看来，就可以知道基督教只不过是古代异教的遗物。现在让我们再看看它的枝叶，即信条和仪式的两三个例子吧。

九　基督教的起源(下)

洗礼及其他制度仪式

基督教重视洗礼,这与其说表明它是独创的宗教,毋宁说表明它是太阳崇拜的一个新派别。因为洗礼也是古来一切太阳教所实行的仪式之一。

据说古代波斯人把他们的小孩带到教堂,放在日光、火光的前面,僧侣便用槲树的树皮盛着的水,给他施洗,有时让他的全身浸在大水桶里,以洗净他的灵魂,然后给他命名。印度人到恒河沐浴,也是更生的意思。他们相信恒河的水是从梵天的脚下流出来的,所以是神圣的。读过日本《古事记》[①]的人,会知道伊奘诺尊[②]从冥府归途在海中洗身的故事。

据泰勒说,现在新教徒教堂前的门口放着洗礼盆,这与其说是模仿古代异教殿堂门前放着神水,毋宁说就是它本身。进入这些神圣的殿堂的人,要先把自己洗干净。特吐里安也谈到水是神最

① 《古事记》,共三卷,记述日本从远古的"神代"到推古天皇(628年)的历史和神话。中译本有两种,即周启明1963年译本和邹有恒等1979年译本(均人民文学出版社版)。——译者

② 伊奘诺尊,日本神话中的英雄。——译者

初的而又是最爱的创造物，所以是最神圣的。古代诸国，如埃及的伊西斯、波斯的美斯拉，都有洗礼的仪式，希腊也有这样的仪式。

更生(Regeneration)的思想和洗礼有密切的关系，这也是古来已有的。洗礼意味着从神的宝座或脚下流出来的神水由作为象征的男神去洗清净，而不用水的更生自古以来则是由女性的神来进行。天是万物之父，地是万物之母。新生是从母胎产生，所以从土地的罅隙中钻出来，便被想象为具有和诞生同一意义。由此便生出穿过岩洞，或穿过自然的岩石或为此目的而设置的岩石的间隙的习惯(仪式)，相信一旦穿过这岩洞，便会和更生一样消除过去一切罪障。而且因为自然岩洞，被认为是特别神圣，所以东方诸国不少为此而举行长途的参拜。古代日本也有叫做“胎内潜”[①]的洞穴，似乎具有同样的意义。

坚信礼(Confirmation)也在古代波斯举行过。到了十五岁穿起紧身衣及腰带的时候，便入教接受教条规范，僧侣便举行坚信礼，以后便被接受为教徒。

圣餐之事在福音书中说得最为有趣，被认为是基督教的一大特色，但把面饼和酒供奉日神，却是古代太阳教的常规。谷物和葡萄依靠日神的光而成熟，从这方面看来，日神的一部分便直接变成谷物和葡萄，成为人间的食饵。

据说波斯人向美斯拉奉献面饼和酒；西藏、鞑靼人也是这样。以色列人“抟面作饼，献给天后，又向别神浇奠酒。”“向天后烧香，

① “胎内潜”：经过千辛万苦好容易才得穿过的洞穴。名胜、灵地多有这样的去处。——译者

浇奠酒,作饼供奉天后”。(《耶利米》七之十八和四十四之十九)伊西塔用搅着蜜糖的果子面包献祭。古代希腊人也献上同样的物品。而这面包有时奉献给神,有时由参拜者把它吃掉。英国古代风俗,寺院领地的百姓送给教士的复活节面包,就是伊西塔面包,作卵形,象征女阴形状。罗马厄留西斯的厄留西尼安圣餐,是为谷神(女神 Ceres)和酒神(男神 Bacchus)举行的,径直把谷物和酒本身作为圣物来崇敬。

基督教学者摩舍姆博士(Dr. Mosheim)在其所著《教会史》中说:“希腊罗马的各种圣餐,被当做非常神圣的东西来崇敬,结果基督教徒也为了取得和异教同等的威严,在其宗教添上神秘的色彩,仿效它们,给福音书中的各种仪式,尤其是给圣餐以 mystery(灵妙,神秘)的名目把它装潢起来。他们在这神圣的仪式中,也和洗礼一样,不但使用了异教所使用的种种名目,而且还原封不动地承袭了 mystery,即圣餐中的许多仪式典礼。”他作为基督教徒的口吻,理所当然是应该这样说的,但这与其说基督教模仿了异教,倒不如说保存了它原来的东西。不管怎样,圣餐绝不是基督教所创始。至于伴随圣餐而引起的初期基督教徒的种种恶行,且让别章再说。

教士职称(Priesthood)的制度,也和异教完全一样。尤其是它的组织、生活、服装,以至用具之类,多数从埃及引进,只是埃及的职称大多是世袭,而基督教不同。加特力的制度很像西藏、鞑靼等的佛教;又有许多引进自希腊、罗马,这些摩舍姆也已说过了。基督教的神父们看到这种类似便信口开河,说什么恶魔为了迷惑人类模拟了基督教。好不奇怪,模拟者的时代反比创始者的时代为早。

天使与恶魔的思想

凡是生长在亚洲的人，谁也不会相信天使与恶魔的思想是基督教所创始。

这大概是基督教徒从犹太人和埃及人引进过来，犹太人则是从巴比伦人引进过来。波斯的神学说有七个最高的天使，围绕着善的造物者 Ormuzd 站立着。犹太人跟着说，上帝面前常有七个天使长。基督教徒在《启示录》中说："神的七灵"，"七个天使站在神的面前"。波斯人又说，四个天使——世界四个角落各有一个。《启示录》跟着说："四位天使站在地的四角。"波斯人把他们当做和最高神的中介者，基督教徒多数也是这样。尤其是初期的基督教徒都是这样理解。

米迦勒(Michael)是太阳的天使，和赫克拉勒斯是太阳的天使一样。他战胜了恶龙，和赫拉克勒斯战胜蟒蛇，荷拉斯战胜妖怪泰风，克里什那战胜大蛇一样。波斯人又相信恶魔与善对抗，最后一定灭亡。他们的恶魔阿里曼被囚禁在地狱，和《启示录》第二十章的撒旦一样。他从天上逃遁地下，和《启示录》第十二[①]章的红龙一样。是的，基督教的天使和恶魔的思想，主要是从波斯人引进过来，这也是施特劳斯和卡尔西博士所痛切指出了的。而在印度人中，这种思想很早就已发达，倒是我们所熟悉的。

① 原作第七章，疑误。——译者

未来的赏罚

死者的审判,世界的焚毁,恶人的刑罚这些事情,也纯粹是异教的东西。

连殉教者查士丁也明白指出,像美诺斯和拉达曼托斯惩罚恶人那样,“我们也应该这样做,只是通过基督的手去做而已”。又说:“我们肯定地说世界一切终有焚毁的一天,这简直和斯多噶派的教旨相同;我们肯定地说恶人的灵魂死后还有感觉要受刑罚,善人的灵魂免受刑罚获得幸福的生活,这也和哲学家、诗人所说的没有两样。”他承认这些思想早在基督教以前,就已广泛流行。

在埃及人的信仰中,奥西里斯时常担任死者的审判官,有时是荷拉斯担任。而死者在审判官面前受恶人泰风揭发,正和撒旦充当“兄弟的告罪者”一样。有四十二个审判员,天使作判决的记录,下级诸神自为赎罪的牺牲,尽力去解救灵魂,恶人被投进火池,善人到极乐世界,在那里有“生命之树”,它的果实授予健康和长生。在波斯的神话中,生命之树种植在从 Ormuzd〔奥尔穆兹德〕的王座流出来的流水中。关于这些思想,印度人也自上古以来有极为巧妙的神话教义。

修道院生活与特拉毕特派

修道院生活(Monastic life)是从印度和埃及引进来的。佛教徒的僧院生活,自不必说,而可为基督教的极为直接的模型的,却是埃及的特拉毕特派(Therapeuts),不,从它的教义、组织以至生活方式各个方面,都可以推知基督教就是特拉毕特教派。

但特拉毕特教派的兴起,却比所谓基督的时代早得多,这一点斐洛已有详细的记载。据说他们原是居住在埃及的犹太人的一大教派,他们一向幽居在修道院里,专心做冥想祈祷,每星期大伙相见一次,他们都不结婚,妇女和男子一样从事寂寞的宗教生活,以断食苦行作为进修的根本。摩舍姆认为,这伙在埃及旷野兴起的勇猛顽固的狂热者,便成为后来在基督教徒的名义下西欧修道院的滥觞。那使亚历山大利亚教会虐杀哲学家美人希帕提亚[①]的,正是这伙教徒的亚流。他们作为野蛮愚昧的一个集团发挥暴力,把一切学术,特别是哲学之类看做破坏真正信仰的洪水猛兽而向其发动攻击。摩舍姆也把基督教的这一方面看做特拉毕特教派的化身,认为基督教千古的奇耻大辱——虐杀希帕提亚,就是受了它的影响。

那个被称为教会史之父的犹西比乌斯,看到了斐洛关于特拉毕特派的记事,便过早地或者是故意地说这是直接记载基督教的事实。他认为最早在埃及宣传福音的是马可,男女信者云集到他的周围,"他们那极端的哲学的修行戒律是那么的严格,这就使得斐洛觉得有把它的职务、集会、飨宴加以记载的价值"。那么,斐洛到底记载了哪些事呢?

犹西比乌斯说,斐洛很懂得今天还保存下来的我们教会的许

① 希帕提亚(Hypatia,约370—约415),拜占庭女哲学家,天文学家,新柏拉图主义者。生于亚历山大城。基督教会疯狂进攻"邪教"中心,亚历山大城遭焚毁,主教西利尔(Cyril,约374—约444)唆使教徒把她惨杀了。——译者

多规章制度,他仔细地记载了关于我们教徒的禁欲生活。他列举当时这个教派传播世界各地,尤其是埃及各地,密集在亚历山大利亚一带;每户开辟一间房子充做礼拜冥想的场所,这里头藏有预言者受灵感的文书和赞歌,还有作为这一派的祖师们的古代人的解说书等等。这古代的解说书无疑就是福音书和使徒等文书。另外,斐洛所记载的特拉毕特教派的生活、仪式、祭礼、赞歌、教士等级等等,不但几乎完全和犹西比乌斯当时基督教会所实行的完全一样,而且觉得这些是基督教派所专有,所以犹西比乌斯就立即断言,斐洛所记载的特拉毕特派其实就是基督教。说什么天下哪里还有这样明白的事情呢?

是的,特拉毕特教派的生活、仪式、典礼等,和基督教的完全一样,但要知道,如前所述,斐洛生在基督以前,当他公元四十年出使罗马的时候,已是白发苍苍的老人,他从哪里得知基督教早已传播世界各地,福音书和使徒文书就是古人的解说书呢?吉本在《古代罗马衰亡史》的插话中说,据巴希奈底[1]的证实,特拉毕特教派早在奥古士丁时代就已建立,并不像犹西比乌斯及其他近代加特力教一群人所说是基督教的信者或教徒。按奥古士丁死于公元十四年,正当基督的幼年时期,那时候有的只是特拉毕特教,哪里会有基督教呢?那么,说特拉毕特教和基督教完全相同,这不正足以证明基督教并不是基督所创始,而只是特拉毕特教的改名换姓而已。

于是,我们就可以看出,基督教并不是出自基督这个人,反而

① 巴希奈底(Basilides),著名的诺斯替主义者,住在亚历山大城,约活动在公元130年前后,写有《福音书注解》。——译者

是出自埃及。它的福音，它的仪式，都是从埃及得来。所以它的神话也和埃及很相似；它的处女就是伊西丝，基督就是奥西里斯和荷拉斯，另外再用其他东方诸国的信仰加以混合、润饰。

艾赛尼派

关于基督教起源的探讨，除了特拉毕特派以外，不可忽略的还有极为重要的犹太人的一个宗派，就是艾赛尼派(Essenes)。

艾赛尼是吸取了毕达哥拉斯学说的一派，在公元前二百年前后发生于犹太，曾风行一时，它的教义所依据的是弥赛亚的预言，说什么为了化度俗众的方便而幻成人形的神，像普罗米修斯那样为了救世抛弃了身命。而这个神也不过是表示太阳的一种譬喻，这在当时已为识者所辨识。更奇怪的，不管是特拉毕特派，或是艾赛尼派，都具有象征十二宫的十二使徒。史学家也有人说，特拉毕特派和艾赛尼派本来就是一个东西，只不过名目不同而已。事实上两方都极相似，只是前者戒律修行极为严格，而后者稍为温和。

据约瑟弗斯所记载，当时犹太人中有三个哲学教派，第一个是法利赛 Pharisee，第二个是撒都该 Sadducee，第三个是艾赛尼。艾赛尼派的教徒非常崇拜神，相信灵魂不灭、诚实，教徒之间和睦相处，财产公有而为共同生活。他们以荣华为罪恶，以克己制欲为德行的根本，主张独身，敝屣富贵，每天早上在拜见日出以前，不谈一句俗话，饭前饭后，向神祈祷。他们的生活、教义、仪式、组织等，都和特拉毕特派相似，因而和基督教也没有什么不同。所以罗伯特·泰勒就认为基督教实际上不外就是艾赛尼派的化身。

总之,这三派的教义,说是偶然的暗合,未免太过于一致了。是基督教完全模仿艾赛尼和特拉毕特呢,还是艾赛尼和特拉毕特互相结合改名而称为基督教呢?虽然我们对此还不能弄得清清楚楚,但基督教本身的实质,在所谓基督诞生很早以前,就已经存在、传播,却是极为明白的事。如果基督真有其人的话,那他也只不过是作为艾赛尼派的一个教师宣传艾赛尼派的教义而已。

另外,基督教会为了执行他们的怀柔政策,吸收异教徒加以同化,把异教的神在圣者的名义下合起来祭祀,同时又袭用他们的祭典仪式这种事实,数不胜数,这和日本的佛教徒搞什么本地垂迹[①]之说,两部习合[②]之计,如出一辙,只是我们现在不遑把它一一列举罢了。

说到这里,便使我们觉得基督教这个东西,从它的根本的教义到它的枝叶的仪式典礼,没有任何独创的事物,没有任何特殊的色彩。全都是蹈袭古代太阳崇拜和生殖器崇拜的各种信仰的遗物,全是印度、波斯、埃及、犹太、希腊、罗马的残羹冷炙,作为历史人物的基督的形象就益发淡薄了。

我们相信,今天声称四亿的基督教徒如果他们真正了解到基督教的由来及其信仰之为何物,那他们的大多数人就将丧失对它的信仰。可怜基督教所赖以建立起来的基础,只是"无知"两字而已。

---

① 本地垂迹:本地,佛、菩萨本来的"真实身"。垂迹,本地的佛、菩萨为了救济众生而暂时变形显现的"垂迹身"。本地垂迹是日本从奈良时代起就已提倡的神佛同体说,平安末期最为盛行。——译者

② 两部习合:两部,佛教所谓胎藏界与金刚界。习合,调和折衷,把不同的教理混合起来的意思。日本根据真言宗的金刚界、胎藏界的教理提倡神佛二教之一致,即佛、菩萨为了救济众生暂时变成神而在日本显现。——译者

十　初期基督教的道德

基督教的神话传说虽不足信，基督教的信条仪式虽不足取，但这些只是枝叶小事，不足以为衡量基督教的标准。基督教的真正价值正在于它的道德教训。基督教保持它至高至大的教训。基督教的教训实为古今东西诸宗教、诸圣贤道德之冠。这只有神子或千古的大圣才能发明。不是基督谁还能发明呢？是的，基督教的道德教训本身，不就足以作为基督的历史存在的一大证据吗？

这是基督教徒中比较进步的人士所提倡的一种说法，一般世人也茫然受了它的迷惑，以为即使基督不是神子，至少应该是个大圣大贤，和释迦、孔子并称世界三圣。甚至出现了称释迦为"亚洲之光"①，同时又称基督为"世界之光"，而自鸣得意的诗人，而很少有人责怪其为不伦不类的。

基督教道德的缺点

我们这里不必一一细说基督教所有道德教训的意义、实践以

---

① 英国诗人埃德温·阿诺德(1832—1904)曾尝试用诗歌体裁介绍东方的生活和思想，写了一篇歌颂释迦生平、宣传佛教教义的长诗《亚洲之光》(1879)。——译者

及它的效用：不说旧约书中的神是多么的残忍凶恶，凌虐人类，命令他们去做无道不德的事；不说新约书中的教训是怎样的使人重视灵魂，轻视肉体，把希望寄托在死后而对现实却持冷淡态度，以不抵抗为美德，以贫穷为幸福，以做神的奴隶为光荣，使人类丧失了勇气和自尊心，而又用威胁、命令强迫他们去实行。因为这些不但不是本书的目的，而且没有这样的时间和篇幅。

崇高善美的道德并非基督教所创始

而我也并不是不知道新约书中那些出自所谓基督之口的教训中，有极为崇高善美，丝毫无可非议的。可是，哪里料到，这些崇高善美的教训，却并不是基督教所创始，而实是在他们以前数百年乃至一千年的古昔，为释迦、瑣罗亚斯德、孔、孟、老、庄以及其他诸圣诸贤所郑重亲切教诲的。是的，他们的教诲是自古以来所有学派，所有宗教，所有邦国，所有阶级的实践道德的自然依据，并不是世人从基督口中听到这些教训，便害怕地狱的苛责，才不得已相信它。现在不妨把他们圣贤遗留下来的经典翻开来看看，就可以见到同样的教示，说得极为明白透彻，不像新约书那样矛盾百出。

试想，所谓“黄金律”(Golden rule)说的“你想人怎样待你，你也要怎样待人”这句话，是基督教徒引为最值得夸耀的。可是这在公元五百年前孔子早就这样说了，东方的贤人、哲学家莫不这样说，而把它列为人类道德的首要；在西方，亚里士多德、毕塔卡斯、伊索克拉特斯也都这样说，希伯来经典也莫不这样说。

不只“黄金律”是这样，关于整个登山训众，赫胥黎教授曾说：

“第一福音书上所见的登山训众，据第一流的考证家的意见，只不过是把从各方面捡来的材料拼凑起来的嵌木细工而已。”霍茨曼也说：“登山训众只不过是从希伯来文书中抄来的。”

是的，和“主的祈祷”中所说几乎完全一样的文句，也可在希伯来经典中看到；其他如凡看见妇女就动淫念的，这人心里已经与她犯奸淫；为什么看见你兄弟眼中有刺，却不想自己眼中有梁木；把房子盖在砂土上的譬喻，以及其他许多格言、金言，大多是该经典中早就记载了的。可知，当时新约书的编者，虽然没有涉猎全部东西方诸贤人、哲学家的著作，但主要是通过他们接触到的希伯来经典，间接地搜辑这些古来的道德思想的残篇断片，拼凑出赫胥黎所谓的嵌木细工。

噫！这还能说是基督教所独创，而引以夸耀吗？还能说它的教训冠绝古今东西吗？还要依靠神子，或大圣大贤的一举手一动脑筋之劳吗？

我说它不是独创，绝不是说新约书中的“黄金律”以及其他金言格言完全没有道德价值。我只是说古来善就是善，恶就是恶，不能因为基督之有无，地狱天堂之有无，而有丝毫的损益。真正的道德不是神或神子制造出来显示出来的，不是从天上掉下来的，而是扎根在地上的人类的真性情开出来的美丽花朵而已。基督教的经典有这些金言格言，并不足以为基督这个神子存在的证据。

如果新约书中所说可信，那么，基督之所以值得信仰崇敬，就不能不在于他的施行奇迹和道德教训这两件事。即使这教训不是他所独创，但把它口头宣讲，躬行实践，再加上奇迹的证明用以教导感化，其结果遂达到今天这样的兴盛。如果是这样的话，那么，初期基督教本来就应该是一个博爱、仁慈、敬虔的慈善团体了，可是事实却适得其反。基督教的兴起绝不是由于它的奇迹，也不是由于它的道德，换一句话说，就是和所谓基督这个人的价值似乎没有多大关系。何以言之？

基督教的兴起和奇迹的效力

因为在基督教趋向兴旺的气运的时代，奇迹并不是罕见的事。不管奇迹的实质是超自然物，抑或是巧妙的变戏法，当时称为施行奇迹的，或治疗病人的，像在《使徒行传》第八章所见的西门那样的事，前后各方，层出不穷，所以这在当时社会上毋宁是极为寻常的事，是不足以引起深远的信仰的。试想，像新约书中所记，尽管基督施行了那么不可思议的奇迹，而亲眼看见的犹太人多数不还是不相信他，侮蔑他，嘲弄他，最后把他钉上十字架吗？不管事实怎么样，就是新约书编者本人，也不得不承认当时奇迹的效力感化是多么的渺小无力。何况那些不是亲眼目睹，只是听到五十年、一百年以前施行这些奇迹的口碑传说，就会使千万群众深受感化，造成这样伟大宗教的勃兴气运，不是常识所难以想象的吗？

初期基督教徒道德的卑污

道德的效力感化的渺小无力，比奇迹还要明显。正当希腊罗马文运昌隆，贤哲辈出，有关道德的名著雄辩充满于世界的时候，只凭着所谓基督的两三个弟子，热心鼓吹道德的教训，果能博得当时几个人的同情呢？不，我们知道，从一世纪末到二世纪前半，博学的高僧尚未出现，庄严的经典尚未制定的时候，基督教徒的道德是很卑污的。这可从那个被称为 Agape 的一种圣餐会（聚餐会）的罪恶丑行中看得出来。

圣餐会的小儿牺牲和淫荡

公元前 186 年，罗马政府发布命令严禁 Bacchanalian mystery 即酒神巴克科斯的圣餐会。这是因为这种集会常是狂醉淫行的组织，是非常败坏风俗的。到了 2 世纪，这个针对酒神宴会的禁令，便用来更加严密地适用之于基督教的 Agape 圣餐会。据传这是因为他们在这秘密的爱餐（love feast）中，杀掉并吃掉那供奉神的牺牲的小儿，乱搞通奸和亲属相奸。

梅勒底斯（E. P. Meredith）在《拿撒勒的预言者》的插注中说："基督教的爱餐是从 Eleusinian（谷神节）和 Bacchanalian（酒神节）的宴会中脱胎出来的，只是跟着时代趣味的变化加以多少改变而已。即使它们的起源完全不同，但事实上它们之间却极为类似。前述异教的祭祀在公元前 186 年前后，在意大利全国盛极一时。在这个时候，至少有一部分人在意大利受到镇压，参与其事的信徒便流窜世界各地。但有这种迷信的人，由于对信仰过于热衷，就在自己移居的地方照例举行这种宴会，这也可说是当然的事。只是因为他们很能保守秘密，所以长期以来没有被发觉……无论是异教徒，或是基督教徒，都尽力不让他们的所谓'秘密'即圣餐暴露出去，如有不守誓约泄露秘密，就将立即丧失其生命。"

于是，梅勒底斯便指出了基督教徒的爱餐和酒神的圣餐几乎完全一样，在各地秘密举行；及基督教徒在罗马、里昂、维也纳各地怎样干了上述恶行而被判罪。接着又说："这里便发生了一个问题——由于犯了这些野蛮的罪行，而屡被正式揭发、责罚、判罪的他们，果真就不敢再犯了吗？也许可以这样辩解：这些都是莫须有的事，是在罗马一度参加过这些爱餐的人们故意捏造出来的，是在法国参与这些节日的人们编造出来的谎话。可是这是切合实际的吗？这两地之间实际上没有任何合谋和联系，而且这样做对他们也没有什么好处，他们住在隔离的邦国，他们干了这些坏事之后，二十年间守口如瓶，因为如果说了出来，他们自己就会立即被处死刑……以后经过了约莫一百五十年，像比里昂或罗马都还要隔离得很远的大马士革地方的某一妇女所表白的那样，也是在同一情况下发生的。而且他们所说的都是不约而同——他们曾一度是基督教徒，知道该教徒之间所干的坏事，该教徒在各自的教会中恣意干那淫秽的事。"

梅勒底斯又说："如果基督教徒真正不敢干那被揭发出来的坏事的话，罗马人是绝不会那样残酷地迫害他们的。我们有许多证据证明罗马人一向对于一切无害的宗教——只要没有直接妨碍治安，败坏道德，危害人民生命财产——是极其宽容的。……只是因为基督教徒在这些夜间秘密集会上恣意干那些可怕的坏事，成为众所周知的事实，所以凡是基督教徒，便都被断定必参加了这些夜会。于是，只要被认为是基督教徒，就成为这些犯罪的有力证据。而在预审中答问时自认为基督教徒，便被认为应该立即把他投进监狱。"

初期基督教徒在这些罪名下受到攻击，也是他们的祖师高僧等所承认的，阿泰那哥拉斯承认，殉教者查士丁也承认，只有特吐里安却拼命地辩护说："请试想一想，把你的小刀对准着幼儿，吸他的血，吃他的肉，这果是人所能干出来的吗？你既然干不出来，那怎么会相信别人能干出来呢？要知道基督教徒也和你一样同样是人呀！"可是，可笑的是，当特吐里安一旦改宗成为孟塔尼派的时候，便立即暴露了他所曾为之辩护的罗马教会的秘密，说："在圣餐会上，青年们和他们的姊妹同睡在床上，尽情狂欢，沉湎酒色。"而当时基督教各派，因为太过于热衷把自己以外的一切宗派作为异端而加以排斥攻击，都说："幼儿的人身供献，淫猥的夜会，不是我派所为，而是马尔舒尼派或卡普克拉斯派干出来的。"他们就这样演出了以血洗血的丑态。

由此看来，即使不能说是基督教徒全体，但至少在一般基督教徒之间，干着像酒神宴会那样的恶事丑行，却是不可掩饰的事实，只是因为受到政府的迫害和世人的指责，才不得不逐渐废除这种恶习而已。

海德利安皇帝公元 134 年写给他的表兄弟赛尔维阿那斯的信中说："现在基督教的司祭，没有一个不是星卜家、算卦者或淫乐的发起人。"苏艾托尼阿斯也说他们这"新奇而有害的迷信的一伙人被处了刑"。小普林尼的上书如果不是伪造，他也说："基督教只不过是有害而极端的迷信。"吉本说："基督教徒是由农民、小儿、妇女、乞丐、奴隶以及其他社会渣滓所形成的团体。"由此可见，初期基督教徒在罗马的缙绅眼里，只不过是迷信无赖之徒，愚昧无知之辈，他们的兴盛绝不是由于大圣大贤的道德教化造成的。

禁欲与道德

接受了艾赛尼和特拉毕特教义的教徒，没有不远食色，绝情欲，养成严守戒律的风气的，但古来禁欲却并不一定会带来道德。能忍受人情所不能忍受的，就是意味着其德性中必有重大的缺陷。他们对于自己教徒中所谓异端和异教的迫害极为残忍刻薄，实在就是它的必然结果。把基督教的兴起归功于“你想人怎样待你，你也要怎样待人”“爱你的敌人”等道德教训，那才是千古奇闻。

禁欲的生活不但使人变得残忍刻薄，而且纵欲淫乱的行为亦必由此而生。天下之堕落没有比僧尼为尤甚，就是这个缘故。不难理解，圣餐会上的丑行，绝非和他们的禁欲互不两立。

基督教徒的财产公有

他们教徒无论在修道院的隐居生活中，或在一般信徒的集会上，都实行财产公有，共同衣食，互相扶助，和睦共处，这在我们认为是颇足称道的，但这与其说是出于他们的道德心性，倒不如说是由于他们的执迷不悟。因为他们对于异教徒及一般世人，深怀着一种猜忌嫉恶的心理而不能把他们同化，作为它的反动，便自然而然地寻求他们自己之间的团结，恰如赌徒盗贼在他们同伙中发生一种所谓江湖义气一样。哪里有待于基督这个大圣大贤的力量呢？

写到这里，使我不能不一下子就联想到我国的所谓天理教这一宗派。

天理教兴起的原因

天理教[①]所崇敬的天轮王尊者，据传为能消灾除祸，医治百病，它的信徒中有病不求医疗，只喝喝天轮王尊者的神水以代服药，有因此而丧失生命而不悔者。据传他们男女信徒在教会中集会，举行宴会，跳一种舞蹈，恣意淫乐。他们教徒都以把其全部财产奉献给神，作为最高的德行。他们进了教会，即使当初富有人家也很多一下子成为一贫如洗。它的信徒大概都属于下层社会无知愚民，多少受过教育的人都把它当做淫祠邪教，甚至连说出口也都觉得可耻。

可是，哪里料到，自从这天轮王尊者的名号开始被喊出来以后，不到数十年间，就在全国各地建立起其宏大的教堂，信徒人数多达数百万，开设学校以教育其子弟，雇用学者以编修经典，大散财物以收买世间对它的信用，当年的淫祠邪教一下子就被公认为日本一大宗教。噫！这不是因为他们的教义如何伟大，他们的道德如何崇高，而是因为他们鼓吹迷信和诱导淫乐，使得多数愚夫愚妇云集到它的旗下，而又搜刮这些愚夫愚妇所有的财产，堆积到他们的教会。于是，他们便收罗了多数的人力和巨万的财力，这人力

① 天理教：日本神道教的一派，信奉天理王尊，以我们的生命、财产为借来的东西，提倡通过牺牲的信仰在这个世界建设真正的和平的天地——甘露台。据说是天保九年(公元 1838 年)由中山美伎受天的启示而创始的，本部设在大和国丹波市町，全国各地设有分会。——译者

和财力更形成巨大的势力而得以横行于天下。

结绳之政不足以治乱秦之绪。二十世纪人智的发达远驾第二世纪之上。我们虽然不能预料天理教今后还会走多久好运，但只要看看它过去大为发展的迹象，便不难想象古代基督教兴起的情况。

天理教与初期基督教的类似

当时被称为基督的正尊，不就是今天占着天轮王尊者地位的一种神号吗？圣彼得，圣保罗不就是他们所谓教祖中山某女吗？基督教徒卖掉他们的所有物和大伙共同生活，不很像天理教徒把他们的田宅献给教会吗？他们圣餐的牺牲和男女的丑行，不亦很像天理教的舞蹈饮宴吗？奥里金，犹西比乌斯，特吐里安等博学大师，也正和被天理教所雇用，充当他们的顾问、教师、经典编修者的某某，某某相同。君士坦丁大帝承认他们的势力，加以保护，也正和今天的天理教徒得到官府公认一样。所不同的，只有大小之差而已。大小之差，只是由于 2 世纪和 20 世纪的不同而已。如果使天理教产生在一世纪，让它经营达数百年之久，也许会像基督教那样风靡整个世界。

总之，基督教的勃兴绝不需要基督的奇迹，绝不需要基督的道德教训。我们如果明白了天轮王尊者只不过是天理教信徒的伪造，就可以断定基督绝不是历史上的真实人物。

十一　基督的实体

没有基督存在的证据

噫！基督是什么这个问题，现在就快接近解决了。基督作为有血有肉的历史人物，曾经一度生存在这个世界上的证据，一点都找不到。

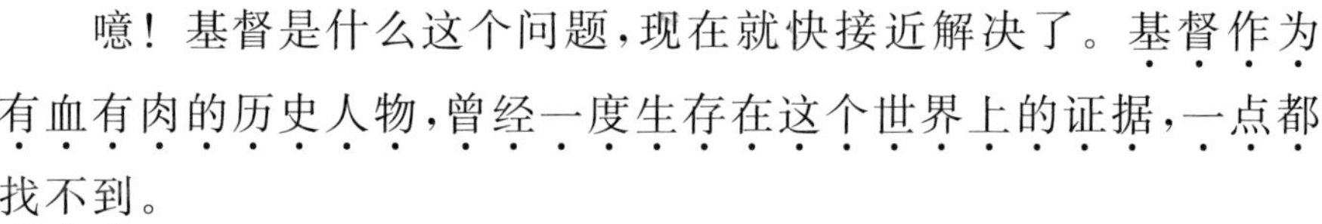

我们不知是否犹太曾经有过名为耶稣的人物；又不知是否有过名叫潘特拉的男子；也不知是否有过一个 Chrestus 来到罗马，图谋作乱，但是作为基督教的祖师被记载在四福音书上的神子或大圣大贤的他，却除了作为一种信仰、理想的人格化以外，一点都找不到任何痕迹。

这并不是我个人的意见，康德和斯宾诺莎等也都说，作为历史人物的基督也许有存在的可能，但却是不真实的，因为基督教所根据的，是把它的理想加以人格化。而且不但这些哲学家，就连他们基督教学者的记载，也很多把基督当做伪造的正尊，理想的形象。

基督教学者也认为基督是伪造的

波索布尔（Beausobre）引用初期基督教神父等的文书，认为处女、圣灵只是一种譬喻，和埃及的奥西里斯神话相同。

摩舍姆认为，三世纪基督教学者中比较进步的，自由地阐述了他们的组织和异教的没有显著的不同，一群愚人却无差别地礼拜基督、奥尔斐斯、阿波罗尼阿斯及其他哲人。

殉道者查士丁也在他答安多尼奥·巴伊阿斯时说道："我们所说耶稣基督正和陛下你们说约维的儿子一样，我们赞颂基督是处女所生，也和陛下你们所说巴克科斯，赫拉克勒斯，坡拉克斯，卡斯塔等一样。"

萨迪斯教长梅里托向马卡斯·安多尼诉说道："基督教没有什么新奇，是从罗马帝国以外的其他各国引进来的。"

犹西比乌斯也认为，基督教并不是新的，它从亚伯拉罕的时候起就已存在。

初期以来基督教各派意见各自不同，有的不承认基督的诞生，说是作为成人突然出现在约旦；有的不承认被钉十字架，说是活到老年才死去；有的不承认基督有肉体；有的说和父神一样兼具神的性质和人的体质；有的不承认他复活升天，几百年间，在一连串宗教会议上，甲论乙驳，议论纷纷，莫衷一是，只有投那掌握多数的奸诈强暴之徒的所好，来决定一时的信条而已。由此可见基督这个正尊，即使在基督教的祖师他们自身中间，也是怎么不具有任何一定的实体了。

是的，基督自从初期以来，无论在民众方面、学者方面，甚至在它的教徒信者中间，除了作为一个信仰的形象而外，都无从看出他作为实体而存在。他绝不是历史上的真实人物。

那么，他在今天享有的那个显赫的大名和辉煌的传记，又是怎么产生出来的呢？无他，这只是从古代东方各国民族流传下来的各种神话，尤其是太阳神话的主人公——伟人神人的传记中捡来的材料，加以修补、混合和捏造出来的而已。

罗伯特·布拉奇福德在其所著《神与我的邻人》中评道："如果基督的传记是真实的话，那么，传记中所记的几乎全部的主要事件，就不可能在那许久以前就被认为是伪造的神话——古代诸神的传记中看到。如果由处女生出来的神，被人杀死了的神，只有圣经才有记录，那我们就将对它深感赞赏，但可惜的是，早在很久以前，传说许多神下凡到了人间，由处女生出来，生活，说教，最后被人杀死的寓言却很不少。"

古代各种神话和基督传记相符合

这话说得很好。现在试把基督教以前的古代各种神话著作看上一眼，任何人都不得不对基督传记中的重大事件，早已在古代人中传说的，耳闻的，笔记的之多，感到吃惊吧。

看吧，像基督是圣灵所生的那样，亚历山大大王不也是宙斯神的儿子吗？大西庇奥不也据传是朱庇特的儿子吗？

罗马的建国者罗缪拉斯和雷穆斯，不就是以阿波罗为父的处女伊丽亚的奇迹所生，死后显现在许多人面前，和基督一样吗？

阿尔噶斯和武尔坎不也是女神朱诺所生的吗？

上部埃及的国王边奇，据他的碑文所刻，不又是由拉神（Ra）受胎的母亲——神圣的卵生出来的吗？

阿波罗神的儿子救主厄斯鸠拉比阿斯，医好病人，使死者复活，根据狄安娜的请求使忒修斯的儿子希普利托斯从死里复苏，不正和基督一样吗？

阿波罗神的高僧阿尼亚斯，把石头变成小麦和酒，也正和基督创造出许多食物一样。

基督出生时天上的星从东方引导来了博士，美斯利达特斯生时，也有一个彗星，一天每隔四小时连续七十天出现在天上，照亮了天空的四分之一。

阿波罗尼阿斯医好病人，使死者复活，尤其是使一贵妇人从死尸中复活，使罗马的僧徒官员惊叹不止，死后被配在诸神中。

特洛伊国王特洛斯被宙斯带到天上，中国的黄帝也乘龙上天。

佛里西亚国王坦塔罗斯的儿子伯罗比斯，作为供献给神的牺牲，被切成碎片，但碎片复合而复活。

基督接受魔鬼的试探；琐罗亚斯德也被带到山上，授给他世界的王国；佛陀也接受妖怪和美女的试探。

普罗米修斯为了拯救人类，不辞辛苦，被众神之父宙斯绑在峭岩上做十字形，受尽折磨。

至于印度克里什那（黑天）的神话，和基督酷似的地方就更多了。克里什那的诞生也是先被预言了的。他的母亲提婆吉被囚禁在塔里，不让她接近男子，但却生了他。他的诞生受到了提婆什——可说是印度的天使——赞美歌颂，光明照亮了他的周围。暴君康萨害怕他的王国被夺，搜捕他，把那个地方的婴孩全部杀掉。可是他却神秘地逃了出来，生活在贫民中间。他教人道德，做好事，遍历各地，治好麻风及其他病人，医愈伤者，使死人复活。他让一个妇女在他的头上涂油。他受到迫害，被钉死在十字架上，下了地狱，复活升天。

而且在描绘克里什那的形象的时候，常把恶龙的头踩在脚下，他的脚后跟给恶龙的爪牙穿透，他的手足受伤很像基督教的所谓“圣痕”(Stigma)。其他某些形象和十字架的耶稣非常相似。

安妮·贝赞特说：“克里什那这个名字，琼斯(Sir William Jones)及其他多数人不写作 Krishna，而写作 Crishna，我也曾看过有人拼作 Cristna，这样写的时候，即使它的语源不同，但仍可以看出它和基督 Christ 这个名字极为类似。……据瓦朗西大校说，爱尔兰语的克里什那意味着太阳，印度的克里什那无疑也意味着太阳。”

前章我们已说到基督教的圣餐，有理由可以信为出自酒神的祝祭，而酒神 Bacchus 亦无非是基督的另一个粉本。古乐词说，他生在阿拉伯，像摩西一样从浮在水面上的木箱中被捡起来。他有一条鞭能变成蛇，施行种种奇迹。他率领他的军队渡过红海，不会把脚弄湿。他劈开岩石取水。他所到的地方流着葡萄酒、乳、蜜等。

埃及的日神奥西里斯也和基督很相似。他是神，又是人。为了人类的幸福，他作为神的表现者，真理的启示者来到地上。他曾一度被恶人杀死，埋葬，后来复活，做了众人死后的审判官。

希腊神话的大英雄赫拉克勒斯，也能像基督那样使死者复活。他让特萨利亚国王阿多梅托斯的妃子复活送还给她的丈夫。他也是象征太阳的神。他那有名的十二种冒险谭，据信为模拟太阳运行于十二宫。基督传记的编成亦从这里吸收了许多材料。

不凭男女交合，只凭处女感受神灵而怀孕生育；被人杀死，埋葬，世界为之变成黯黑；过了三天或某些时期之后而复活，给世界带来光明，给生物带来生命；他的诞生日或复活日在12月25日，等等，这些基督传记中极为重要的事件，实为古代各种太阳神话所共有。这是我们所最当注意的。

复活和处女神话的起源

由于太古人民常用惊叹和崇敬的心情去注视太阳的运行的结果，早就知道太阳冬季的时候在南方，到了春季又再回来。他们看到太阳12月22日达到距离昼夜平分线最南端的地方，在这里停留了三天之后，即12月25日又再向北方移动。古代的太阳教徒把这三日间比喻作神死去而被葬在墓里，到了25日就开始复活或诞生，这时候太阳所在的星座是十二宫中的Virgo即室女宫，这就是日神所以为处女所生的神话的由来。

圣诞节是异教冬至的节日

因此，现在圣诞节Christmas绝不是基督教所创始，而是上古以来各国人民为了在冬至祝贺太阳复活而经常举行的祭礼。罗马撒坦神的节日即Saturnalia（农神节），是其最大的一个，基督教只不过直接模仿它而已。E. B. 莱德认为，“和基督诞生的年代不详一样，其诞生的月日亦不详。各教会各自在1月1日到12月25日之间，自由选定一日为其诞生日，而决定在现在的12月25日，却是从337年到752年期间，统治罗马教会的教皇朱利阿斯，执行对异教徒怀柔政策而加以采用的。而Christmas tree(常绿树)以及其他各种圣诞节故事典礼,都是从异教引进来的。”

古来的日神据信都是在12月25日为处女所生,以后经历了许多艰难困苦,忍受了这些艰难险阻,战胜了它,而得以扩张他的势力。这意味着太阳在冬至以后,用光明来和黑暗作斗争,用温热来和霜雪作斗争,而卒至春分。太阳此时在金牛宫,所以埃及的奥西里斯及其他许多日神,用牡牛作为他的记号。而此时还是昼夜平分,明暗寒热胜负未决。及至移到白羊宫,便完全征服了寒冷和黑暗,其势力达到了最高点。这就是升天坐在神的右边,他自己也直接成为神的时候,他的记号多用羊,这无论是异教或基督教都是相同的。

从此他便给万物带来了光明,带来了温热,带来了生命,也即带来了他自己。它的实质便化作谷物,化作葡萄,化作面饼,化作酒,化作健康,化作永生。

这就是古代太阳神话的精华,而直接成为今天基督的传记本身。写到这里,如果有些常识的人,谁还会把耶稣基督的生涯看做他所特有独创的呢?

是的,基督不但没有他固有独特的实体,而且也没有他固有独特的姓名。

耶稣基督的词义

安妮·贝赞特又说:“Christ这个词,意味着Anointed,即涂油的救主(向国王及高僧涂上神圣的膏油,是希伯来人的传统),

Chrestos 意味着善良的救主。都不是拿撒勒耶稣特有的姓名，我们还能看到 Hesus，Jesous，Yes，Ies 等字，这最后 Ies 是 Bacchus（酒神）的一个尊号，只要添上语尾-us，便成为 Jesus（耶稣）了。拉丁文 I. H. S. 这些神圣的符号，便是从这里得来的，实际上是希腊文的 IES。希腊文 H 原是拉丁文 E 字的大写，拉丁文误把 E 字写作 H，变成 I. H. S. 这样，古代酒神的这个异名便转化为耶稣的符号，而这个文字在两方任何一方都常用日神的标记——光线加以环绕。”

Christ，Messiah，Anointed 各语都有“天理显示者”之义，不是某一人物的名字。不但不是人固有的名字，而且完全不用人来表示，相反不少是用羊、葡萄、鱼等来表示，这我们上面已说过了。正如贝赞特所说，耶稣（Jesus）这个字就是意味着救主。莱德说：“耶稣是希腊语的 Iesous，原是从希伯来语 Jehoshua，Jehua，Joshua 等的译语，即 Jehovah is Salvation〔耶和华者救也〕之义。”我不懂希伯来、希腊等国语文，这里只把他们所说的记下来而已。总之，基督耶稣分明只是作为弥赛亚被涂油而降生的救主的意思，绝不是某一历史人物的固有名词。而酒神巴克科斯也许又有 Ies 这个称号。

玛丽亚、米迦勒和十二使徒的诞生日

基督既是虚构伪造，哪里还有什么生他的处女呢？圣母玛丽亚也是女阴崇拜的变形，这已在上面基督教的起源条下说过了。难怪她的生日也是后人随便定下来的。《钱伯斯百科辞书》的编者认为，基督教的嘉年华会（Carnival），只是古代异教 Saturnalia〔农神节〕中的施洗。因为教会急于采用异教的制度，所以就把处女的诞生日定为春分，即 3 月 25 五日前后。圣米迦勒的诞生日定为秋分，即 9 月 29 日。十二使徒的诞生日也配合太阳走到十二宫的每个星座的时间而定下来。

十二使徒的事迹

所谓十二使徒，是模拟黄道十二宫而伪造出来，这却可以不必多说了。请看，连基督都可以断定为不是真实，那他们十二使徒的事实，还有什么凭据呢？

彼得这个人，有时叫做彼得西门，有时叫他西门彼得，有时叫西面翁，他的名字既无一定，而他的乡里和行迹，《马太福音》、《马可福音》、《路加福音》所说的也各不相同。《大英百科全书》编者认为，关于使徒的履历，除了新约全书所记的以外，没有什么确实的记载。新约现已不足信，《使徒行传》不亦早被鲍尔、舒格勒尔、奥克尔别克、齐尔勒尔等认为是伪作吗？

而且据《使徒行传》所说，他们在他们的主死后，躲在什么地方、杳无讯息，到了司提反殉教的时候才突然出现。接着，在安提阿纷争之后，便又行踪不明。传说彼得是突然死去的，但不知死在何时何地。此外，关于他的传道活动的传说，大多是二世纪以后的伪造，没有什么根据。莱德认为，这些传说是犹西比乌斯和艾雷内厄斯编造出来的。

至于保罗，已如前述，他的书信的大部分也分明是伪造的，也无从确知他生于何时何地，在什么地方怎样死去。

可知，如果有人欲从十二使徒、彼得、保罗的行迹文书来证明基督的存在，那倒像北海的巨熊把它所捕获的鲑鱼，穿在蔓藤上牵着走一样的愚蠢，不知在蔓藤末端打个结，通通在路上丢失了。

基督实体的结论

在这里，我认为对基督的实体定下一个如下的铁案，并不会怎样不公平：耶稣基督不是历史上的真实人物，而只是以古代神话的糟粕渣滓，残骸断础拼凑起来而成立的一个没有生命的偶像而已。

十二　结论——抹杀之可也

基督教徒还相信什么

"合拢起来结成一个草庵，解开就成原来的野地。"我们分解剖析了有关基督的传说记录，看不到一个活的基督，而只看到早已归于死灭的古代神话的残骸遗骨乱七八糟堆在一起。所谓基督教徒诸君，你们现在还要相信什么呢？

我们看见新约全书的记事，矛盾抵触，支离灭裂，其大部分全是伪造，而在二世纪以前，还不见有人着手加以结集记载的迹象，现存新约全书的成书，实在是四世纪末叶以后的事。我们又检查圣经以外的史传，看到一世纪乃至二世纪当时的罗马、犹太、希腊等的著名史家学者，没有一个承认基督的存在。我们还看到连基督教的信条，典礼故事以及其道德教训，也尽是踏袭、模仿古代异教，没有任何独特首创的地方。基督教徒诸君啊，你们现在还将在什么地方看出基督和基督教，并要夸耀它呢？

天地生生之力实在是广大无边。光热之恩，雨露之泽，广被着一切众生。太古人民认为它是有意志的，有目的的，或有人格的神灵之所作所为，便上取雄大庄严的太阳，下取刚健素朴的生殖器，以为其表现的记号，表达他们崇拜，感谢，祝福的心情，可说是理所当然的事。我们不应与其讥笑他们的态度的粗野，毋宁钦佩他们风度的坦率吗？

而且古代各国各种信仰神话，大体上必有它的起源，这是人类性情的自然和社会发展的规律互相结合而成的，用不着特别对基督和基督教感到奇怪。因为人总是时代的产儿，不管怎么大圣大贤，都不能超出时代的道德和智慧。像孔子那样的圣人，也不以讨小老婆为可耻；亚里士多德那样的贤人，也把奴隶制当做理想的制度；琐罗亚斯德不知有无线电讯；释迦牟尼不知有空中飞机，但谁能讥他们为愚蠢无知呢？是的，即使基督的实体只不过是太阳神的改名换姓，十字架只不过是生殖器标记的遗迹，但仍然是时代的产物，没有什么可怪的。我们不能凭这一点来侮蔑、毁谤基督和基督教。

作为神话的价值

不，我们看到埃及、印度、波斯、犹太、希腊、罗马诸国古代人民的神话信仰，有时感叹他们想象力的雄大丰富，有时赞美他们性情的诚挚淳朴，有时感到他们诗趣的津津有味，有时觉得他们气质的幼稚可爱，有时由此缅怀、玩索数千年前的生活状态以及文明程度，以为研究批评的资料。它对于我们不正是我们祖先的宝贵遗产吗？我们对于基督和基督教也应该采取同样的态度。我们对于它们所有真正价值是不吝表示相当的敬意的。

基督的宗教和生命

我们对于基督和基督教作为古代神话的价值，表示相当的尊敬，但必须知道，它作为现代宗教的生命却早已丧失了。20 世纪的世界不是两千年前、三千年前的世界。社会进步了，文化发达了，即使他们的想象力多么丰富雄大，他们的性情多么淳朴诚挚，他们的诗趣多么津津有味，他们的气质多么稚气可爱，如果不合学术，不协道理，不堪批评，不容于常识，怎能成为今天伦理道德的主义，安心立命的基础呢？试想，在 20 世纪的今天，一个懂得学术，批评，道理，常识的人，谁还能相信太阳、生殖器为有意志、有目的、有人格的超自然的神灵呢？谁还能相信奥西里斯、克里什那、美斯拉、奥尔穆兹德、朱庇特、阿波罗、撒坦、巴克科斯诸神能支配人间的命运呢？谁还能相信他们冒险的神话故事为真正的史实呢？是的，现在他们只能作为伪造的神话而存在，作为宗教是早已成过去的东西，无生命的东西，死骸，枯骨。

基督教徒的虚伪

而基督教徒诸君，却要学他们的主基督使死人复活那样，强使那早已死亡的古代信仰的枯骨披上现代宗教的活肉。他们出于故意或由于无知，隐瞒基督教的由来渊源，涂抹基督本身的真相实体，忘掉他们教会一千多年来为了破坏世界的和平，阻碍社会的进步，恣意干出残忍刻薄的恶行，还恬不知耻地说什么基督是历史上真实存在的大圣大贤，远驾孔子、释迦之上，他替人类赎罪，为现在世界的文明作出贡献。咄咄怪事！他们那副厚脸皮不亦令人吃惊吗？

他们一旦辞穷，就经常解释说："信仰和理性是两码事。"是的，他们身在20世纪，心在数百年前，有的礼拜野狐，有的祷告巨蟒，有的信奉天轮王尊者，还有其他许多违背理性的信仰，我们实在无可奈何，只有佩服他们的头脑迟钝，不合逻辑，容纳得下这种矛盾的手法而已。但是他们不但自己安于这种矛盾，而且还极其巧妙地利用这种矛盾去欺骗他人，欺骗社会，其危害性就更加不可估量了。

抹杀之可也

因此，我就在这里写下如下的宣言而结束：基督教徒以基督为历史人物，以其传记为历史事实，这是迷妄，是虚伪。迷妄阻碍进步，虚伪有害世道，是绝不能容许的。这就是揭开它的假面，剥去它的伪装，暴露出它的真相实体，把它从世界历史上抹杀掉。

《基督抹杀论》完

（明治四十四年二月一日丙午出版社刊）

跋

根据秋水的迫切期望，本书卷头本拟刊登三宅雪岭先生的序文，卷末刊登堺利彦君辑录的秋水的《狱中消息》及堺利彦君的《基督抹杀论后记》、田冈岭云君的《回忆最后的离别》、我的《幸德秋水和我》几篇文章，但由于某种关系，都作罢论了。谨在这里向三宅先生和堺、田冈二君表示歉意。

高岛米峰

明治四十四年一月二十七日

补白：幸德秋水的著作与参考文献

著作：幸德秋水全集编集委员会《幸德秋水全集》全九卷，别卷二卷，明治文献社 1968—1972。

平野义太郎编《幸德秋水选集》(三卷)，东京世界评论社，1950。

文献：盐田庄兵卫编《增补　幸德秋水的日记与书简》，1963。

盐田庄兵卫、渡边顺三编《秘录大逆事件》(三卷)，1959。

内务省警保局编《社会主义者沿革》上、中、下，1908—1911。

糸屋寿雄著《幸德秋水传》，1950。

田中惣五郎著《幸德秋水》，1955。

西尾阳太郎著《幸德秋水》，1959。

糸屋寿雄著《幸德秋水研究》,1967。
师冈千代子著《风风雨雨》,1947。
大原慧著《幸德秋水的思想与大逆事件》,1977。

附　录

序

辛德秋水著《基督抹杀论》，并附带声明这应是他自己最后的著作，生前的遗稿。这可和他的老师中江兆民[①]临死所著《无神无灵魂论》[②]前后互映。兆民为人放诞不羁，秋水对他深为敬重。兆民死后，秋水还不忘著文追怀[③]，向他表示敬意。谁还会想到像秋水这样不忘师恩的人，竟然干出"大逆不道"[④]的事儿来呢？从他的性格来推测，如果他生在文政、天保[⑤]年间，将会作为一个勤王志士，化做尸骨荒原上的露珠。如果他能接受正规教育，当上大学教授，也将会繁征博引，条分缕析，在学术上作出贡献吧。近几年来，虽然看来表现出自暴自弃的情绪，但在铁窗下写下来的这一篇，不也正显示着他并非失业穷困，全无作为的人吧。

要抹杀辨庆[⑥]，尚且困难，要抹杀半个世界所尊崇的基督，谈何容易？倘若认为秋水此篇为全无一顾之价值，那就未免过于早断了。如果说它可以权作参考，倒也罢了，但还以他妄图抹杀神子，就说他敢为大逆之事不是偶然，那就更加不可信了。像英格索尔[⑦]那样一面攻击基督和他的宗教，另一面却

---

① 中江兆民(1847—1901)，日本近代著名思想家，革命民主主义者，有"东洋卢梭"之称，著有《一年有半》、《续一年有半》等。

② "无神无灵魂论"，《续一年有半》的副题。有吴藻溪中译本，商务 1979 年版。

③ 秋水不忘著文追怀，指秋水所著《兆民先生》。

④ 大逆不道，指谋杀明治天皇案件。

⑤ 文政、天保，日本年号，文政为公元 1818—1829；天保为公元 1830—1843。

⑥ 辨庆：武藏坊辨庆，日本传说上的著名人物，源义经旗下的一名勇将。

⑦ 英格索尔 Ingersoll, Robert Green (1838—1899)，美国法律家，演说家，以反基督演说著名。

在他的言行上显示其非寻常信徒所能企及。真小人未始不往往胜过伪君子[①]。秋水对国家既已不忠，而且大不忠；对家族既已不孝，而且大不孝。在不忠不孝的名下，求死得死。说他是恶（人）呢？是愚（人）呢？还是狂（人）呢？实在不容易找到适当的形容词来形容他。无已，就说是穷鼠[②]或社鼠[③]，二者任择其一吧。

他也是一个普通的人，应该知道做人的道理，却做了人所不当做的事。如果说这是良心的毛病造成的，那这毛病不是太深了吗？如果说是境遇的推移造成的，那这推移不是也太甚了吗？东坡云："人生识字忧患始，姓名粗记可以休。"说秋水识字以忧患终，莫如说以忧患之极而终。但如不识字，那就不能留下此篇供后人参考了。识字是幸运还是不幸呢？侧耳倾听鸿雁在云端里吱吱细语，如说如诉。

听到秋水被宣告死刑的翌日

雪岭迂人[④]

① 真小人未始不往往胜过伪君子，原文作：伪小人未始不往往胜过伪君子，疑误。

② 穷鼠，被赶得无处逃脱的老鼠。俗语："穷鼠咬猫"。

③ 社鼠，神庙里的老鼠。《晏子春秋》："社鼠者，不可熏，不可灌。"言其恃神庙以自固也。

④ 雪岭迂人，即三宅雪岭（1860—1945），日本近代思想家，评论家。著有《真善美日本人》、《伪丑恶日本人》等。

《基督抹杀论》后记

我受秋水委托出版本书。但关于此书的出版，高岛米峰君已把所有一切都承担起来了，我倒可不费半点劳力和操心就完了事。因此，这里就没有什么要再说的了。

这里，我倒想把最近我和秋水的离合的经过粗略地开列一个清单。

明治四十年秋，距日刊《平民新闻》停刊数月后，秋水关闭了他在东京郊外大久保的住宅，侍奉老母亲回乡里土佐国中村町，我到新桥车站送他们一行。

翌四十一年春，发生了所谓屋上演说[①]事件，我和几个同志被关进巢鸭监狱一两个月。此时，秋水还住在乡里。

同年夏，发生了所谓赤旗事件[②]。秋水立即回到东京。这次，我和几个同志受到了稍为长一点的服刑的宣判。这一天我在公审庭上看到了许久没有见面的秋水。

同年九月，我被送到千叶监狱。月末，秋水特意来千叶看我。

四十三年九月末，我服满两年多的刑期出狱。此时秋水已成为这次事件的被告。尤其是在预审期间禁止接见，书信来往也不可能。

同年十一月十一日，秋水最初来了信。翌日，我去东京监狱看望阔别两年的秋水。

---

① 屋上演说，1908 年 1 月，由于《星期五讲演会》被无理强令解散，堺利彦和山川均、大杉荣等人从屋上向群众控诉政府暴行，被判轻禁锢一个半月。——译者

② 赤旗事件，1908 年 6 月 22 日，在东京神田锦辉馆开会欢迎山口义三出狱，会后，荒畑寒村、大杉荣等人打出"无政府共产"白字红底的赤旗举行示威，与前来抢旗的警察发生冲突，结果堺利彦、山川均、大杉荣及其他男女青年十五人被检举，大杉被判惩役二年半，堺、山川二年、荒畑一年半。——译者

同月二十六日，秋水的老母由幸德驹太郎[1]陪同，从乡里上京。二十八日，我和老母及驹太郎氏一起，又和秋水见了面。

十二月二十八日，秋水的老母在乡里病逝。同月三十日，我和师冈千代子[2]一起，第三次会见了秋水。

到今日为止，这是最后的会见。噫！今后，我还能有几次和秋水见面呢！

堺利彦[3]记

明治四十四年一月十四日

一月十八日，秋水被宣判死刑。同月二十一日，我又会见了秋水。也许这次真个是最后的会面了。

（一月二十三日追记）

① 幸德驹太郎，秋水的哥哥。——译者

② 师冈千代子，秋水的妻子，著有《关于我的丈夫幸德秋水的回忆》。——译者

③ 堺利彦（1870—1933），日本著名社会主义活动家，日本共产党创建人之一，著作很多，有《全集》行世。——译者

回忆最后的离别

《基督抹杀论》这本书，看来该是秋水的绝笔了。作为大逆罪犯被宣判了死刑的他，到底能否在生前看到它的出版，是一个疑问。国家根据法律处死他，他以身殉他自己的信仰。在国家方面，处死他是正当的；在他个人方面，死也该没有什么遗恨。但以作为他的友人的个人私情看来，永远从这个世界失去了他，不能再看见他，不能再和他交谈，却是非常悲痛的事。他把《基督抹杀论》这本书永留在天地之间，而自己却在绞首架上结束了他的生命。只要这本书存在，他的名字就可以永久不灭。而作为他的友人任何时候都不能忘怀的，却是他的音容，他的谈笑，不是他的名字。而且从今以后，只有把作为他的遗物的这本书，当做他的音容，他的谈笑来看而已。

这本书是他被捕前在汤河原起稿的，他抱着这本未完成的稿子被关进了监狱。现在就这本书的出版想起的，是他在汤河原被捕时和他的离别。只要我病废之身还能保存余命，无论到什么时候，作为和他交情的纪念，是永久不会忘记这个时候的光景的。

六月二日，初夏明丽的一天，他要去东京，七点钟前后离开了宿舍。前天在浴堂和他的谈话中，谈到《基督抹杀论》只剩下十四、五页就可以脱稿，所以这次去东京，希望顺便把它写完，对这本书的未来遭遇表示担心的样子。

大概在他应该到达小田原的时候，突然房东带来了送他去车站的汽车司机的口信，说他在汤河原车站正要上车的时候，被从东京派来的检察官扣留，现在已被送回到派出所了。当房东还未走开的时候，派出所的警察来找我，他是和神奈川县的警部一起来的，说是要我去派出所走一趟。因为久病两脚走起路来觉得很困难，没办法只好坐车去了。从厨房门口走进去，上了厨房，就看到里面一间细长的房间，他正在被穿着制服的警察看守着。我就躺下在由于警察的好意铺下的蒲团上面，照他们说的等候着。晌午时候，四周寂然，可以听到外面蜜蜂发出的嗡嗡声。我一面看带来的《琵琶记》，而茶烟都吃腻了，但还没有开始审讯。秋水也好像默默地危坐着。因为感到脚冷让女工返宿舍取护膝，回来告诉，知道自己的房子正受到检察官等的搜查。过了午时，六七个审判官一行好容易撤回来了，问了有关秋水的同志两三件事，因为我除了认识秋水一人以外，别的都没有一面之识，所以没有什么可问的，等的时间较长，审讯只不过十多分钟就完了，让我立即回家。当我正站起来想回家的时候，猛听到他隔着障子[①]说声"再见"。这"再见"竟成为永远的"再见"，这在当时是连做梦也想不到的。

从他看到他在信浓的同志因为制造炸弹被捕的报纸消息时，便立即说声"给我干了不好办的事哪"一句话看来，我相信他和这事件是没有直接关系的，即使有关系，至多也不过是违反炸弹取缔条例而已。没有想到竟被根据刑法第七十三条定罪。使这"再见"成为我们十五年断金之契的最后"再见"——再也不能从他口中听到的最后的诀别之辞了。这绝不是我预料得到的。他那苍老深沉的声音还萦回在耳际。当我上厕所时和我相对微笑的他的面容，仿佛如在眼前。可是，啊，他的命运早已决定，绞首架上的绳子就要套在他的脖子上，想到这里，回忆那天的离别，就更加觉得当时的情景历历浮现在眼前。

但是，一旦听到快要完成，但因为突然下狱，看来已不可能出而问世，而窃引以为憾的这本书，却在狱中完成而就要出版，这使得我感到特别高兴。这高兴促使我写了现在刊在这里的这篇文章。看来，卧病已经三年，余命怕也没有几许，但愿在地狱中见面吧。

田冈岭云[②]识

明治四十四年正月听见秋水的同犯蒙受特赦天恩的翌日

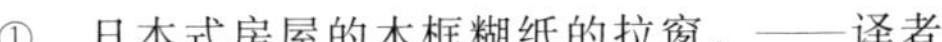

① 日本式房屋的木框糊纸的拉窗。——译者

② 田风岭云(1870—1912)，日本近代著名社会活动家、评论家，1900年义和团运动时曾来中国。回国后著反战报告文学《战袍余尘》(1900)，还有《明治叛臣传》(1909)等。——译者

幸德秋水和我

一代的论客幸德秋水，作为乱臣贼子，犯了国法，终于在明治四十四年一月十八日被宣判死刑。这本是秋水的狂愚所致，事到如今，是无可奈何的了。只是我作为秋水尚未受到危险思想影响，没有成为狂暴的主义者以前的友人，此际，哪怕以超过票面的高价，借用古人"憎罪不憎人"这句话，作为就要赴死的秋水临终的饯别。

回想起来，我和秋水最初见面，正好在秋水作为《万朝报》记者，文名轰动天下的时候。从明治三十七年，日俄的和平将要破裂的时候起，秋水的思想逐渐激化，在日刊《平民新闻》创刊当时就已大事宣传直接行动论。我当时也曾说过，在已建立议会制度的社会中，不采用那么激烈的行动，不是也可以吗？和他争论过。后来，到了造成社会主义者四分五裂的时候，我又在《新佛教》杂志上痛切地批评他们只知为肉体去求面包，不知为心灵去求面包，实堪怜悯。记得当时归卧土佐中村的秋水，还郑重其事地前来辩论。

以后，好久没有互通音信。到了去年夏末，方才从相州汤河原寄来了封信，说是"目前正在研究基督传记，觉得这种东西，也许不至于遭受禁止发售，如有关于印度神话的书，烦请寄来供参考。"我立刻满足了他的要求。过了不久，就发生了这次大事件被检举，于是遂完全断绝了音信。我终于不能说服秋水，使他放弃狂暴的主义，把他从危险思想中抢救出来，这实在是千古的恨事。

不过，去年腊月，通过堺利彦君向我商量出版的，正是题为《基督抹杀论》的这本新著。这是秋水在汤河原起草，在铁窗下完成的，正如秋水自己所说，实在是秋水最后的文章，生前的遗稿。

试把本书翻了一下，觉得完全是宗教史上的议论，不但一点都不含有所谓危险思想，而且议论痛快，行文悲怆，尤其是否定作为历史人物的基督的存在，断定十字架为生殖器标记的变形，刺骨剜肉，把世界的大圣基督剥得几乎体无完肤。当然这里不少是借用西方人研究的成果,但作为邦人的著作,却不妨可说是破天荒的奇书。但秋水的判刑尚未决定,所谓此一时也,彼一时也,时代不同,人事不同,说老实话,我对本书的出版多少是有些踌躇的。但也想到,只要内容健康,把它公开发表,也无需有什么顾虑,尤其是这一行动,也许会成为我对秋水友情的最后表示……这么样说,虽然有些过了头……所以极想尽力,设法让它无事通过,公之于世。

于是,我便尽可能地完成了各种手续,探询某些当局的意向,征求老前辈的意见,结果决定在秋水判罪之后,把它出版。看到秋水写给堺君的信中所说:

> "它(《基督抹杀论》)的出版对我至少是一个安慰。捡起被扔在良家檐端的私生子,背地里把他抚养长大而感到快乐的父母心,大概就是这样吧。请体谅我吧。"

这一段话,使我谋求设法让这本书给天下人广泛爱读——如不好理解的话,憎读也可以——的心情更加迫切。

一月十七日接到了自汤河原以来的秋水的第一封信。因为这也许是秋水最后的信,所以把它的全文刊在这里,以代这篇文章的小结。

> [十三日登记] 因为害怕书店受累,很对不起,所以避免通信。现在有种种应办的事情,又想你的为人、思想、立场大概都已弄清楚了,所以写了这封信。
>
> △想你对作为大罪人的现在的我,一定很生气,很憎恶,但还是可怜作为过去普通朋友的以前的我,承担了关于出版的一切麻烦事,实在不知要怎么感谢你。本来应该说是世世代代,但不相信来世的我,只好说在今生一息尚存之际,永(?)志不忘。
>
> △很想得到雪岭先生一言,作为对我的临终最好的引导,但目下的我要向先生直接写信,恐怕不很方便,这样的事如果多少有使先生感到为难,对不起他,所以就不要强求,但如有可能,我还是非常盼望的。
>
> △还有,听说田冈岭云(市外中野町九百二十七)也给我写了一篇文章。他是一个最了解我的人,而又在汤河原长期住在一起,我被捕时在场,有许多感触,一定会写出好文章来。大概很快就可

以寄到你处，如果没有收到，就请写张明信片催促一下，请一定把它登上去。

△出版申请书今天已经寄出，也许比这封信要早些，或同时到达。广告文草稿，堺已给我看了。和本书比较，广告文要痛快得多了。“憎读”二字，非常感服，不愧是米峰式奇想！

△两三天前，读了楚人冠①的《其迹》，不胜同情，因为幼而孤的境遇和我非常相似，但后半生却和我完全相反。和他的腿长与我的身短一样相反。他在当学生时不近女人，不借一文债，现在正向着荣获诺贝尔奖金的光明前途阔步前进。而我则从二十四五岁起就因为放荡无赖落得个身败名裂，最后担负着日本第一的丑名，蹲在黑暗的角落里。不是很有趣的对照吗？我祝愿他们母子越发平安幸福。（市谷富久町百十三，幸德秋水）

当本书出版的时候，堺利彦君特意给我搜辑了秋水从狱中寄给他的数十封信，题为《狱中消息》，但因为稍微有点不方便，不刊出来了。

秋水被宣判死刑的第三天，同犯中的十二名蒙受减刑的恩命。

高岛米峰识

明治四十四年一月二十日午夜十二时至二时

之间在枕边两烛光的电灯下

明治四十四年一月二十四日，秋水终于死在绞架上了。虽然为了能让他在生前看到本书的出版，得到最后的满足，费尽了种种苦劳和心思，但全归于白费，太遗憾了。只有雪岭先生的序文，据说他已看过了，非常高兴。这总算是差足引以为慰吧。

米峰又识

① 楚人冠，即杉村广太郎（1872—1945），评论家，随笔家，新闻记者。秋水的友人。——译者

狱中致三律师的申辩书

矶部先生足下

花井君足下

今村君足下

东京监狱在监人

幸德传次郎

矶部先生、花井、今村两君足下：各位为了我们的事件，抛开了许多事务，花费了宝贵时间，连日出庭，也许还要因为为乱臣贼子作辩护，而受到来自社会上的种种迫害吧。一想到各位受到的内外一切的苦劳、损失和麻烦，实在感到于心非常不安。这就使我更加感激各位的豪侠气概，谨致衷心的敬意。

照近日公审的情况看来，尽管所谓"幸德发起暴力革命"这些措词，成为出了这么多被告的罪案的一个关键，但在审查上，预审上都可以看出有关我们无政府主义者对革命的态度，以及关于革命运动的性质等等，一向都不清楚，只是凭空任意臆测、曲解、附会，这在很大程度上有把事件的真相弄混了的危险。因此，就觉得有必要把我关于这几点的想法和事实说个大概，提供你们参考。

无政府主义和暗杀

一说到无政府主义革命，便有许多人立即把它解释为用手枪、炸弹去袭击当权者，这是因为他们一般不明白无政府到底是个什么。像各位律师所早已知道的那样，这个主义的学说大概像东洋的老庄那样的一种哲学，认为废弃今天使用权力、武力去进行压制的统治制度，而代之以用道德和仁爱把大家团结起来的相互扶助、共同生活的社会，是人类社会自然发展的必然趋势。为了获得我们的自由和幸福，就必须顺应这个大势前进。

因此，无政府主义者憎恨压制、厌恶束缚，同时又排斥暴力，便成为必然的道理。社会上没有人像他们那样热爱自由和和平。像他们所推崇为权威的克鲁泡特金，法官只问是不是无政府主义者，看来是把他当做一个暴徒了。而其实他是俄国的公爵，今年69岁的老人，初为军人，后来从事科学研究，是世界第一流的地质学者，作出了许多有益的贡献。其他哲学、文学各方面也都很精通。二十多年前，因为受怀疑和法国里昂工人的炸弹骚动有牵连，被捕入狱的时候，欧洲各国的第一流学者、文学家联名向法国总统提出请求，为了世界学术的利益对他实行特赦，法国总统也就马上批准了。为大英百科全书执笔的各位学者全都签名连署，其中有日本人熟悉的斯宾塞、雨果等人，还特别在名单上添写上几行恭维他的话，由此可知他作为学者地位、名声是多么的重要，而他的人格又极为高尚，性情极为和蔼、亲切，绝不是一个喜欢暴力的人。

又和克鲁泡特金齐名的，法国已故的埃利兹·邵可侣(Élisée Reclus)，也是地理学的大学者，法国因为有他这样的学者而引以自豪，市议会为了纪念他，把巴黎的一条街道命名为邵可侣路。他因为非常厌恶杀生，完全废弃肉食，成为一个素食者。欧美无政府主义者有好多是素食者。连禽兽都不忍杀害的人，怎么会像世人所解释的那样喜欢杀人呢？

不但是这些被推尊为领袖的学者是这样，即那些信奉无政府主义的工人，据我的见闻，与其他工人相比，他们大多爱读书，品德高尚，不饮酒，不吸烟。他们绝不是什么暴乱之徒。

不错，无政府主义者当中出过暗杀者，这是事实。但这绝不能说因为他是无政府主义者，便必然是暗杀者。出过暗杀者，也并不只是无政府主义者，国家社会党、共和党、自由民权论者、爱国者、勤王家也都出过许多暗杀者。过去说到暗杀者，大多数便被诬称是无政府主义者，它的数字也被大为夸张。像这次暗杀俄国亚历山大二世的事件，据说好像是无政府主义党徒干的，但其实却是像今天日本的政友会党人那样的自由民权论者干的。从实际的历史看来，无政府主义者的暗杀和其他各党派相比是最少的。在过去五十年间，我以为全世界不会超过十起。回头看看那些勤王家、爱国者，不说全世界，单单只是我们日本，不是几乎累计有几十人或几百人吗？如果只是因为出了暗杀者，便被说成是暗杀主义，那再也没有比勤王论、爱国思想更为激烈的暗杀主义了。

所以出了暗杀者，这和它的主义如何，是没有什么关系的，而是由于其时的特别情况，其人的特殊气质的互相结合而见之于行动。例如政府的残酷压迫，使得多数同志失去了言论、集会、出版的权利自由，这自不必说，即如连生活的出路都被剥夺，或是富豪极端横暴，鱼肉人民，致使哀鸿遍野，民不聊生，悲惨之状，令人目不忍睹，而又到底没有办法（或是感到没有办法）使用合法的和平手段去处理的时候，感情热烈的青年便干出了暗杀和粗暴的举动，这对于他们几乎可以说是正当的防卫。这和那些勤王、爱国的志士，眼看当时官吏的祸国殃民，或者对自己运动的残酷迫害，没有其他缓和的办法，铤而走险，采取暗杀的手段是一样的。他们并不是原来就喜欢以暗杀为目的，或以暗杀为手段，而是为自己的气质和当时的情况所驱使而最终干出这种事情来的。而且从历史上看，最初使用暴力的，毋宁是当时的政府、官吏、富豪、贵族，而民间的志士和工人，却常有迹象表明他们受到暴力的挑衅，压迫，走投无路，迫不得已才使用暴力以为对抗。美国总统麦金莱和意大利国王温伯尔特的被刺，以至西班牙国王阿尔冯苏的挨炸弹袭击，都是由于当时的特殊情况引起的。可是说来话长，不多谈了。

总之，暗杀者都是为当时的情况和当事人的气质的互相结合的情况如何所决定，任何党派都会发生的，并不只限于无政府主义者。不，无政府主义者却都是热爱和平与自由，所以出暗杀者毋宁是极少数。我迫切希望审理这次事件的各位，不要有“无政府主义者就是暗杀者”这样一种错误认识。

革命的性质

于是，便发生这样的一个问题：不用炸弹去袭击当权者，无政府主义革命到底是干什么的呢？“革命”这个术语，原是中国的名词，中国把甲姓的天子受天命取代乙姓的天子叫做革命，所以主要是指当权者或天子的更迭。但我们的“革命”却是 revolution 的译语，并不注重当权者的变更，如果不从根本上改变政治组织、社会组织，不能叫做革命。从足利到织田，从丰臣到德川，如果同是封建专制社会，便不能叫做革命。王政维新，天子依然存在，也还是革命。这不是因为天子和萨长氏代替了德川氏便叫做革命，而是因为从来的一切旧制度、旧组织从根本上来了个大变革，所以才叫做革命。一千年前的大化革新，也是天皇依然存在，又不是由人民群众，而是由天皇去实行，但也可说是几乎接近于革命。即我们的所谓革命，并不是指由当权者甲去代替当权者乙，或由有力的个人或党派丙去代替个人或党派丁掌握政权，而是过去的旧制度、旧组织逐渐衰败，腐化，结局终归崩溃，新的社会组织出来起作用，所以是指社会发展过程的一个大阶段的名词。故在严密的意义上，革命是自然地发生的，不是一个人或一个政党所能搞出来的。

就以维新的革命为例，这也并不能说是木户、西乡、大久保搞出来的，而是德川氏初年所制订下来的封建组织、阶级制度不能适应三百年间人文的进步和社会的发展，在各个方面出现了朽腐，发生了裂痕，而卒至自然地覆灭。如果这旧制度、旧组织覆灭的时机尚未成熟，纵使有一百个木户、大久保、西乡，也是什么都搞不成的。如果让他们早生20年，也许就会和吉田松阴等一起被砍头，或者是一事无成而埋没一生。他们只是幸好生得其时，参与其事，利用其势而已，而绝不是他们搞出来的。革命的成功，任何时候都是水到渠成的事。

所以革命要怎么发动，怎么进行，这到底是不能预先计划好的。即在维新革命的时候，形势时时刻刻发生变化，任何人都无从揣度，臆测。以为由于大政奉还的建议可以和平移交政权了，却又忽来个伏见、鸟羽的战争。以为打起仗来了，江户就会变成大战场了，却又来个胜（海舟）和西乡（隆盛）悄悄地打破了这个危机。以为可以顺利地进行移交了，又来个彰义队的反抗和奥羽的战争这么样的事情。又就江户的移交这件事来说，好得双方出了胜（海舟）和西乡（隆盛）这样的人物，如果没有这样千载一时的机缘，不知要陷入怎样的大乱呢。岂不是到底不是人所能预测的吗？如此看来，识者、先觉者所能预知的，不是将来的革命怎样进行的问题：是和平（过渡）呢，或是战争（解决问题）呢，而只是现时的制度、组织不能适应社会的进步和发展，它的灭亡和新组织的产生，是大势所趋，任何人都不能抗拒的，封建制不行了，代之而兴的不能不是和它相反的郡县制；专制之后自然会变成立宪自由制等等。根据这个道理，我们相信个人竞争，财产私有的今天的制度腐烂了之后，必然为共产制所代替；近代国家的压迫必然要用无政府的自由制加以清除，期待着这个革命的到来。

前些日子也有人提出无政府主义革命实现的时候，要把皇室怎么处理的问题，这也不是我们所能干预的事情。是皇室要自己解决的问题。如前所述，无政府主义者希望实现不使用武力和权力去强制别人的大众自由的社会。这个社会成立的时候，还有什么人拥有干预皇室的权力呢？只要不妨碍他人的自由，皇室尽可以自由地享受其尊荣和幸福，理应不受任何束缚。

这样看来，我们虽然不能知道这个革命在怎样的情况下怎么样的去实现，但总是认为为了大众的自由和幸福去参加革命的人，必然会努力尽量避免使用暴力，减少牺牲。古来大变革的时候，似乎免不了要伴随着暴力，付出多少牺牲，但这种冲突事实上却常是抗拒革命大势的保守分子、顽固分子搞出来的。今天就已经宣称尊重人民的自由、幸福的皇室，到了那个时候，还会同这些保守分子、顽固分子沆瀣一气，抗拒革命大势使用暴力吗？今天想象这样的问题，正像在宽政年间想象元治、庆应的事情一样，到底是不可能的。我只是希望不要一提到无政府主义革命，便即以为是以对当权者的袭击和暗杀为目的。

所谓革命运动

革命既然是像水到渠成那样的自然之势，那就可以不必要有革命运动了，可是现在却有革命运动，这也许就会产生“革命运动不就是发动革命投掷炸弹之事吗?”这样的误解。

无政府主义者通常所说的革命运动，并不是马上就要发动的革命，也不是使用暗杀、暴力，而只是为了参加将要到来的革命，培养对革命有效的相应的思想和知识，训练办事的能力的全部运动：新闻、杂志的发行，书籍、册子的著述、分发，演说，集会，都是解说形势发展，社会进步的由来和趋势，培养关于这些问题的知识。而设立工会，经营各种共同事业，也是为了革命到来的时候或革命以后，预先训练适应共同团结的新生活所必需的能力，对革命带来好处。但日本过去的工会运动，只是单纯为增进工人阶级的眼前利益，没有接触到将来革命的思想。无政府主义者在日本也还尚未着手工会活动。

所以，如今一个青年，因为平生提倡革命，或者投身革命运动，便立即被解释为暗杀天皇，或者以暴动为目的搞运动而加以谴责，那就是残酷的诬蔑。

在我们中间，讲演无政府主义学说，或散发这种主义的报纸或广告，普通都叫做搞革命运动。这和发动革命是完全不同的。

既然革命是自然地发生，那运动似乎没有什么必要了，但又绝不是这样。当旧制度、旧组织达到了极度腐朽，社会自然地崩溃的时候，如果对于要用什么新制度、新组织去代替它才能适应自然的大势，没有任何思想准备和知识，没有投身到运动去指导运动的能力，那么，这个社会便不会冒出革命的新芽，不得不和旧社会一起枯死。反之，如果有了知识和能力的准备，便会从原来枯死的一边长出新芽。罗马帝国的社会因为一任其腐败，没有什么新的主义、新的运动，所以很快就死亡了。法国波旁王朝末年的腐败达到了那么严重，可是因为有了卢梭、伏尔泰、孟德斯鸠等的思想作为新生活的准备，便不至于灭亡而产生了革命，诞生了新的法国。日本维新的革命也是先有了准备。这就是勤王思想的传播。水户的《大日本史》，山阳的《外史》《政记》，本居、平田的国学，高山彦九郎的游说都是这种准备。他们直觉到，也许是直感到德川氏掌握政权已渐不能适应日本国民的生活。他们有的不自觉地，有的模糊地自觉着，为革命作了准备。当德川家垮台的时候，早就养成了对王政复古不至于张皇失措的思想。这样就可以不至于死亡，而实现了堂堂的革命。如果这种革命没有思想准备，面临着外国兵临城下的大事变，——啊，好不危险！日本也许就会碰到今天朝鲜的命运。朝鲜的社会之所以终于丧失了独立，就是因为长期以来听任其腐败、衰朽，没有自我振作，革新，进入到新社会、新生活的能力和思想的缘故。

人是活物，社会也是活物，经常变化着发展着，当然就不会有万古不变的制度和组织，必然要和时间一起进步，革新。它的进步革新的小段落叫做改良或改革；大段落叫做革命。我们相信，为了防止这个社会的枯死、衰亡，就必须经常鼓吹新主义新思想——革命运动。

直接行动的意义

在这次的检察厅和预审法庭中，我又看到“直接行动”这个名词也几乎被当做“暴力革命”“用炸弹实行暴动”的同义语来解释，感到震惊。

直接行动是英文 Direct Action 的译语，是欧美工人运动常用的名词工会的职工中有无政府党，有社会党，有忠君爱国论者，并不是无政府主义者的专用名词。它只是意味着，为了增进工会全体的利益，依靠议会不能解决问题，工人的事情只有依靠工人自己去运动，不是通过议员去进行的间接运动，而是工人自己直接地去进行运动，即不是派出自己的代表，而是自己承担起来。稍为具体地说，像关于工厂设备的安全，劳动时间的限制等问题，与其通过议会请求制定工厂法，不如直接和工厂主进行谈判，如不接受，就举行同盟罢工，大多是用来指同盟罢工。也有的论者认为在极度不景气、大恐慌，到处都是饿死人的时候，可以闯进富豪的家宅，征用食物。征用也未始不可说是一种直接行动。又有的论者认为在革命的时候，可以不用等待议会的决议和法律的规定，用工会的名义独揽一切，这也可说是直接行动。

但是，现在说赞成直接行动，也并不是说一切直接行动都赞成，不经过议会，什么事都可以干。说不经过议会就是直接行动，那岂不是暴动、杀人、偷窃、欺骗都是直接行动吗？用这种笔法去推论，当然是错的。现在欧美各国的议会都已经腐败，其中虽然也不能说没有好的议员，但属少数，起不了作用。所以现在工会主张不要指望议会，自己搞直接行动，但不能因此就说要干就得干直接行动，要干直接行动就什么事都可以干。即使同样是主张放弃议会赞成直接行动的人，其中也有甲只在佃农同盟上搞降低地租，乙则只赞成职工的同盟罢工，由于人不同，场合不同，便发生了目的不同，手段不同。所以若把直接行动解释为暴力革命，以曾经是直接行动论者，便把它当做这次事件的有力根据，那是没有道理的。

欧洲和日本的政策

关于这次事件的真相及其动机如何，暂且不谈。如前所述，无政府主义者绝不是喜欢使用暴力的人，无政府主义的宣传也绝不是暴力的宣传。欧美也有对这个主义抱有很大的误解的。有的明知而故意加以曲解、诬陷、中伤，但绝不像日本和俄国那样横加粗暴的迫害，侵犯该主义者的一切自由、权利，连他们的生活的自由也都被剥夺。在欧洲的各文明国家中，无政府主义的报纸、杂志可以自由出版，集会可以自由举行。在法国，该主义的周刊报纸有七八种之多。像英国那样的君主国，它是日本的同盟国，也出版英文、俄文、犹太文的书籍。克鲁泡特金在伦敦能够自由地发表他的著作，去年写的《俄国的惨状》一书，现在已由英国议会的“俄国事件调查委员会”出版。我所译的

《夺取面包》，是用法文写的，现已翻译成英、德、俄、意、西班牙各国文字，作为世界名著受到推崇，粗暴地把它禁止的，在文明国中只有日本和俄国。

武装暴动与革命

从把单纯的当权者的更迭叫做革命这个东洋式思想推论下去，便以为只要有强大的武力、兵力，便在任何时候都可以发动或实行革命。因为是革命者的武装暴动，便一切都可以叫做暴力革命，这恐怕就是这次“暴力革命”这个名词所由产生的。但是我们所用的革命这个名词的意义，上面已经说清楚了。而武装暴动却一如文字所表示的那样是武装暴动。这一点必须把它区别开来。我对大石、松尾所说的意见(这到底是计划，还是阴谋，不是法律家的我是不知道的)中不曾使用过暴力革命这个名词，这完全是检察厅或预审法庭捏造出来的。

我从预审的法官口中听到，大石在预审法庭的申述中有“从幸德听过巴黎公社的事情”这句话。不错，我似乎曾经引用巴黎公社的例子。像矶部先生等研究法国的学者本来就已详细知道的那样，巴黎公社的骚乱，是在一八七一年普法战争后和谈的屈辱、生活困难、人心惶惶的时候，工人发动暴动，占领了巴黎，暂时夺取了市政府的政权。即使在这个时候，政府内阁还在凡尔赛，没有被推翻，只在巴黎暂时建立起公社制而已。所以它和一七九五年的大革命、一八四八年的革命不能说是同样的革命，普通把它叫做 Insurrection，即暴动或骚乱。大石在公审的申述中好像还提到法国革命的事情，这大概是指巴黎公社，也许是他错把巴黎公社的骚乱当做其他革命时的一个纠纷，或者本来应该是巴黎公社却把它说错了。

在巴黎公社骚乱中做过一些事情，虽然说不上怎么样，但一时使得贫民穿得暖些，吃得饱些，这大概是说话的要点。可是怎么也不是说马上就要实行。今天经济上的恐慌、不景气，如果再持续三五年，出现了遍地饿死人的凄惨情景，那么，就可以预想到这种暴动对于拯救他们有必要。这个意思不但在最后的审查书中，即以前的审查书中都可以看得十分清楚。

例如天明、天保那样穷困的时候，征用富豪的物资，这和用暗杀手段去对付政治的迫害一样，可说是他们的正当的防卫，势所必至的。在这个时候，已无暇去慎重考虑这样做会对将来的革命是不是有利。我以为在没有什么必要的时候，却想方设法去搞暴动，这只能破坏财产，损害人命，多付出无益的牺牲，是对革命不利的。可是，当政府的迫害，富豪的横暴达到了极点，人民受尽苦难的时候，拯救他们却对将来的革命是有利的。这种事情不是经过考虑之后才做出来的，而是受着当时情况和感情的驱使，无意识地鼓起勇气做出来的。

大盐中斋的暴动也是这样。当时富豪利用饥馑囤积粮食，使米价越来越高。这是富豪间接杀害人民，实在是不忍坐视不救。历史家有人认为，这次骚乱大大损害了德川氏的威信，加速了革命的进程，可是大盐是不是会想到这一点，却不是我们所能知。我们也不能说"他发动了革命"。

但是，照连日来的审查看来，多数被告都以"参与幸德的暴力革命"的罪名被送交公审。我也在预审庭中好几次受到关于暴力革命这个名词的讯问，要求他们把我所申述的关于革命和暴动的区别的文字加以订正，觉得非常费劲。他们总是说"名目不是什么都可以吗?"但多数的被告现在却为了这个名目而感到苦恼。在我的印象中，检察官、预审法官好像先在我的说话中巧立"暴力革命"这个名目，接着制造出"决死之士"这个难懂的术语，然后就认为"无政府主义的革命是要消灭皇室的，幸德企图使用暴力去进行革命，故参与的人无疑是企图实行大逆罪"这样的三段论法来加以诬害。因为我生平说过直接行动、革命运动这些话，使得他们受到了连累，这实在使我感到非常遗憾。

听取书及审查书的杜撰

我们无政府主义者平常就不相信现时的法律审判制度能够公平地审判人民，经过这次实地的观察，就更加感到危险。我自己只有满足自己的命运，所以关于这一点，早就不想喋喋不休，但因为对于多数被告的得失关系很大，所以想向你们申述一下。

首先，检察官的听取书里头写些什么，我们都无从知道。我受过检察官几十次审查，开头两三次算是把听取书读给我听了，但以后全部都不在当场作成听取书，因而也就不读了。后来我在预审庭上时常听说检察官的听取书是怎么怎么写的，但是几乎没有一件和我的申述相符合。这大概是检察官把他所说的话当做我的申述记下去。我以为多数被告的情况大致也是这样。

在这个时候，预审法官要听听取书所记的呢，还是听被告的申述呢，这不是实在很危险吗？

又检察官的审查方法也多是带“圈套”的和强词夺理的，所以如果没有识破这个“圈套”的能力，及能够和检察官来回议论的口才，大概都只有按照检察官的指示申述。关于这一点，我能够一一举出例证，因为太过絮烦，所以不多说了。但只用我的例子来推测，就可以知道对其他不习惯这种场面的从地方来的青年更加不讲理。像石卷良夫所说的“从愚童那里听到宫下的计划”的申述，我当时也听见了，这也是为了陷害愚童而设下来的诡计。宫下制造炸弹，是在愚童和石卷两人会晤很久以后的事，根本不可能有这样的谈话。像这样的事是明明白白的，所以很容易识破，但巧妙的“圈套”却是任何人都容易上当的。又像“那个人这样说了，说不定有那样的话”这样估计的申述，便即被写成“有那样的话”这样确定的文字。这又成为对其他被告进行迫害的武器。根据这种情况，我以为检察官的听取书大概是检察官通过歪曲事实，牵强附会制造出来的。不读一次是不知道的。

我相信预审法官是公平的，周到的。其他预审法官我不知道，但至少审判我的潮法官分明是可以指望做到公平周到的。我对于审判官的审查大体上感到满意。

但不管法官本人怎样公平周到，但在今天的方法、制度下，审查书根本不可能做得正确。第一，审查书不是速记，而是在听了被告说了个大概之后，按照法官的意见加以取舍写成文字，所以也有漏了申述的大部分的，也有插进没有说过的话的。因此，直接听过被告的说话的预审法官能够充分了解被告的心情，但变成审查书的文字，别人看来，按文字来解释，就大不一样。

第二，是审查书的订正有困难。书记虽然把做成的审查书读一遍给被告听，但因为受过长时间的审查，脑筋显得十分疲劳，且又读得很快，好不容易才不至于听错，即使感到有点不同，但在转瞬之间也判断不出来。正在考虑之中，读声又滔滔不绝地进行下去，结局读了什么也都不知道。在这种情况下，虽然有好几处，或十多处有错误，但能够指出并得到订正的，也不过一两处。而且不识字的更找不到适当的文字。他们动辄说，“这么写不是一样吗?”所以多数是争不过来的。我们也没办法去一一要求改正，以为大体差不多就算了。第三，我们受审查人未曾经过预审，以为预审大体上只是初步的调查，不感到那么重要，尤其是没有想到审查书文字上的一字一句，几乎像法律条款的文字那样确定下来，以为横竖还有公审，等到那时再要求订正不迟，所以多数不勉强和他们争论就算了。这实在是大错。今天回过头来看，才知道预审审查书是最重要的。但对于法律审判全无经验的多数被告却是那么想的。因为情况是这样，所以预审审查书是杜撰出来的，很靠不住的。像我多少注意文字的人，有些是让我订正了。可是，即使如此，在稍为觉得疲劳的时候就感到麻烦，以为横竖还有公审就任它算了。其他多数被告就更不用说了。

听取书、审查书是杜撰出来的，这不仅是由于制度，而且也由于我们对于这种事没有经验而生出来的疏忽的结果。我自己现在并不想要求订正，或提出异议，但为了那些可怜的多数地方青年，恳求你们很好地了解一下。

以上是我要提出供你们参考的大概。只是因为连日的公审，头脑很疲劳，思想不能按次序整理，加以室内没有火，手指冻坏了，在写这封信的期间三次掉落了笔，所以内容冗长，文章也写得不好，书体潦草，想必很不容易读吧。请原谅。

总之，以上所述，如有可取的地方，还请向法官、检察官诸公转达一下。

幸德传次郎

明治四十三年(公元1910年)十二月十八日下午

于东京监狱监房

(原载《幸德秋水全集》第6卷)

幸德秋水与基督抹杀事件始末

——写在幸德秋水《基督抹杀论》中译本的后面

马　采

所谓“基督抹杀”(基督神话 Christusmythe)事件，是从1910年德雷斯(Arthur Drews)在柏林和德国国内各地举行的基督抹杀巡回讲演(*Christusmythe*，1910)引起的。这次讲演一下子就吸引着广大听众，引起了强烈的反应。于是，讲演会便在各地座无虚席的听众面前展开了。当时的宗教杂志不消说，即一般报纸也都登满着关于这个问题的评论。学者们也本着百家争鸣的精神，畅所欲言，提出自己的意见。除了新约学者乌利赫尔教授(*Hat Jesus gelebt*?1910)、维斯教授(*Jesus im Glauben des Urchristentums*，1910；*Jesus von Nazareth*，*Mythos oder Geschichte*，1910)、冯·佐登教授(*Hat Jesus gelebt*?1910)、魏纳教授(*Ist das librale Jesus bild wiederlegt*?1910)以外，教义学者登克曼教授(*Der Kampf um die Christusmythe*，1910；*Der historische Jesus*，*der mytholog*，*Christus und Jesus*、*der Christ*，1911)、格吕茨马赫尔教授(*Die Geschichtichkeit Jesu*，1910)、伊梅尔斯教授(*Die Anferstehung Jesu Christi*，1913)；基督教史学家豪克教授(*Hat Jesus gelebt*?1910)；旧约学者埃勒弥耶斯(*Hat Jesus Christus gelebt*?1911)；以至亚述学者齐默伦教授(*Zum Streit um die Christusmythe*，1910)；以及其他教师、牧师德尔布吕克(*Hat Jesus Christus gelebt*?1910)，卢布林斯基(*Die Entstehung des Christentums aus der antiken Kultur*，1910)、尼默罗耶斯基(*Gott Jesus*，*2Bde*，1910)等都参加了讨论。

德雷斯的基督抹杀论的内容可以归纳为下列两点：(1)基督的思想，无论在基督出现以前的弥赛亚思想中，或在基督出现以后的基督的信仰中，都不是以色列固有的思想，而完全是外来的思想；(2)基督的思想完全站在外来的天文神话的立场，是天文神话创造了基督，并不存在着基督这样的历史人物。

早在德雷斯以前，已有英国的约翰·罗伯逊(*Christianity and Mythology*，1900；*Pagan Christs*，1903；*A Short History of Christianity*，1902)，法国的德普瓦(*L'origine detous les Cultes*，1795)等提出了这个问题，德国甚至还出现了延森的"Das Gilgamesch-Epos in der Weltliteratur"(1906)，认为基督不外就是亚述神话中的英雄Gilgamesch的翻版。

看来，问题引起的直接原因，可说是亚述研究的开展。美索不达米亚的古址被发掘出来了，楔形文字能够读懂了，文书中出现的文化，尤其是宗教神话被揭开了，同旧约所传的"太古史"(Urgeschichte)相仿佛的传说被发现了，这就在学术界引起了一场大辩论。这场大辩论的开端便是德利奇教授(Friedrich Delitzsch)1902年在柏林举行的所谓Babel-Bibel讲演。他从亚述的宗教事实出发，谈到圣经的起源，认为圣经Bibel(旧约全书)的思想，是渊源自亚述的Babel(亚述、巴比伦神话)，而绝不是产生自什么"天启"。

从旧约的Babel-Bibel的论争，扩展到新约，涉及新约的核心问题——基督，抹杀掉他作为历史人物的存在，而认为只不过是根据亚述神话编造出来的，这便是德雷斯一派的基督抹杀论。

幸德秋水的《基督抹杀论》(1911年)，当然是在这一风潮的直接影响下产生的，但却并不只是普通学术上的讨论，而是他在狱中(死刑囚)用血写下来的，他的具有深刻社会政治意义的绝笔，遗书，最后宣言；是投向日本天皇制的一把锋利的匕首。

幸德秋水1871年生于日本高知县幡多郡中村町一个药材商人家里，本名传次郎，"秋水"这个称号，是后来他的老师中江兆民给他起的。秋水生下来不久，父亲去世，家道贫苦。八岁，入木户明的修明会舍，受汉学的教育。秋水在很小的时候，就表现了他对政治的敏感，1886年当他十五岁的时候，就和林有造、板垣退助等当时自由党著名人士交游，参加自由民权运动。1887年十六岁，因为触犯了伊藤内阁的所谓"保安条例"，和当时五百七十多名政治活动家一起被逐出东京。1888年在大阪由友人介绍拜当时著名的革命民主主义者中江兆民为师，从此受到兆民思想的决定性影响。

1893年，秋水参加中江兆民主办的《自由新闻社》，开始他的新闻记者生活。1895年5月，他回到东京，参加《中央新闻社》。在这些时候，他还没有跳出资产阶级民主主义和人道主义的圈子，但从1898年2月参加《万朝报》

工作起，便开始接触到社会主义思想，逐步加深对社会主义的认识，最后坚定了作为一个社会主义者的信心。

1901年4月，幸德秋水最初的著作《二十世纪的怪物——帝国主义》出版。这作为“帝国主义论”，比霍布逊（1902）和列宁（1916）先走了一步。内容着重批判资本主义列强的帝国主义政策，指出它的结果必然导致帝国主义战争，使大多数人民遭受灾难，解救的办法只有实行社会主义；同时又尖锐地指出“爱国心”是统治阶级利用来达到他们野心的一种手段，这在日本当时作为意识形态论是富有独特见解和预见性的。紧接着这一年的5月，幸德秋水、片山潜、安部矶雄、木下尚江、河上清、西川光二郎六人宣布创立日本最初的社会主义政党——社会民主党，但立即被勒令解散。

在这期间，幸德秋水加深他对科学社会主义的研究，作为它的成果，出版了《社会主义神髓》（1903）。这是秋水关于社会主义的较有系统的著作，尽管其中夹杂着一些严重缺点，但贯穿全书的基本论点，是企图说明《共产党宣言》和《社会主义从空想到科学的发展》所表述的马克思的科学社会主义，是日本早期社会主义的重要著作，标志着本世纪开头日本社会主义理论所能到达的最高水平，和同年出版的片山潜的《我的社会主义》并称为日本明治时代社会主义的代表文献。

到了日俄战争爆发前夕的1903年10月，一向坚持幸德秋水的反战路线的《万朝报》，因为社长黑岩泪香的改变态度，转向主战路线，所以幸德秋水和堺利彦两人不得不离开《万朝报》，于十一月建立平民社，创刊《平民新闻》，从此便专心致力于社会主义运动。1904年日俄战争开始，幸德秋水便立即投身到热烈的反战斗争中去，在《平民新闻》18号发表了《致俄国社会党人书》，呼吁两党团结一致，合力反对共同敌人——爱国主义与军国主义；并在37号转载俄国社会党的《回书》。又在46号报道了第六次国际社会党大会上日本代表片山潜和俄国代表普列汉诺夫历史性的握手的情况，标志着日本社会主义运动登上了国际舞台。但由于日本政府的加紧弹压，报纸被禁止发卖，发行负责人坐牢事件相继发生，到了译载《共产党宣言》（与堺利彦合译）的创刊一周年纪念的53号，刚刚印了出来，便立即被没收，连印刷所的印刷机都被取走。《平民新闻》被迫停刊，幸德秋水亦以违反新闻条例而被处禁锢五个月。

此外，警方对于演说会，地方宣传等的露骨压迫，对于《平民新闻》读者的无理干涉，社会主义协会的被强令解散，以及陶醉于日俄战争的胜利而带来的社会上的指责等等，使得1904年以来的幸德秋水的社会进化论的合法社会主义的乐观情绪，从根本上发生了动摇，兼以1905年爆发了俄国第一次革命和在巢鸭监狱中读到克鲁泡特金的著作受到很大的影响，加深了对天皇制国家的批判，急速倒向无政府主义方面去。这一年的十一月，幸德秋水为了谋求和同志们取得联系打开出路，到美国旅行去了。在约半年的留美期间，在西雅图、旧金山、奥克兰、巴克勒各地，和先前片山潜建立起来的留美日本人社会主义者接触，积极参加了演说会、研究会等活动；在即将回国的1906年6月1日，在奥克兰召集岩佐作太郎、冈繁树等日本人社会主义者五十多人，组成了社会革命党。他在这里又和美国社会党人交流，经常参加第二国际举行的俄国革命“血的星期日”纪念集会。另一方面对以Syndicalism为主流的IWW（世界产业劳动组织）寄予强烈的关心，同无政府主义者阿尔伯特·约翰逊和弗里齐夫人等结下了亲密的友谊。

六月末回到日本的幸德秋水，在他离开日本期间组成的日本社会党的演说会上，作了题为“世界革命的动向”的演说，批判议会主义政策，认为通过工人的总同盟罢工general strike的直接行动，是今后世界革命的方向，引起了强烈的反应。又在1907年2月5日的日刊《平民新闻》纸上发表了《我的思想的转变》，否定了普通选举和议会政策，主张把工人的直接行动作为社会主义的手段。在同月17日举行的日本社会党第二次大会上，围绕着大会决议案，提出直接行动论和田添铁二的议会政策论展开了激烈的论战，由此引起了田添、片山等的议会政策派和幸德秋水等的直接行动派的分裂，而日本社会党也接着被政府强令解散。从此他便致力于罗勒的《社会总同盟罢工》、克鲁泡特金的《夺取面包》的翻译工作，并和克鲁泡特金直接通信，专心致志于无政府主义的研究。另外还通过1907年8月在阿姆斯特丹举行的国际无政府主义大会的各种文件的介绍，对日俄战后参加运动的地方出身的青年给予了巨大的影响。

由于1908年7月的赤旗事件西园寺内阁的倒台，而成立的第二次桂内阁，执行了极端反动的政策，打出了扼杀社会主义的施政纲领，把报纸杂志发行、演说会等一切合法活动也都封闭了。恰好在前一年3月发生了留美日本人无政府主义者中的一个小团体，用“无政府暗杀主义者”的名义发表了批判天皇制的文书《致日本皇帝睦仁君》，并且秘密送回日本的事件；1908 年又发生了日本箱根大平山林泉寺和尚内山愚童，秘密印刷、散发以批判天皇制为内容的无政府共产主义的小册子。这就使得苦于找不到出路而感到万分焦急的幸德秋水身边以机械工人宫下太吉为中心的新村忠雄、管野须贺、古河力作四人集团企图进行暗杀天皇，以期打开新局面。幸德秋水起初是知道这个计划的，但后来就冷下来了。1910 年 3 月，他接受了友人小泉三申等人的劝告，暂时退出社会活动专心从事著述工作，和管野一起去汤河原养病。到了 5 月 25 日，便以信州明科的宫下制造炸弹被发觉为导火线，日本当局以此为借口，蓄意把事件扩大化，把从 1908 年以来和幸德秋水有过接触的几乎全部社会主义者，无政府主义者二十六人提出起诉，捏造事实，构成所谓“大逆事件”。在大审院一审即终审的特点审判之后，于 1911 年 1 月 18 日判处了幸德秋水以下二十四人死刑（其中十二人在翌日用天皇名义减刑为无期徒刑），二人有期徒刑。只过了六天，就执行了绞刑。

日本著名的社会主义者幸德秋水的死，给予欧美社会主义者强大的冲击，在美、法、英等国引起了国际上的抗议运动，在日本本国也引起了诗人石川啄木、作家德富芦花等知识界暗地里，或公开地对天皇制国家的本质提出了谴责。幸德秋水在临死之前用写给辩护律师的信的形式，揭露了日本当局捏造事实进行迫害的真相。又在狱中脱稿而在死刑执行后不久出版的这篇《基督抹杀论》，实质上就是以否定基督的实在，断定基督教为迷信的内容作为假托的最后的“天皇抹杀论”，这在当时已为识者所看到了。他的思想，在他死后还留下深远的影响。

从对帝国主义的批判到对社会主义的信仰，从抹杀天上的权威（基督）到抹杀地上的权威（天皇），最后走上绞刑架，这就是作为一个革命者，战斗的无神论者幸德秋水走过的无可选择的唯一道路。

啊，他那宽阔的额头，铁锤般的胳膊，
还有他那既不怕生，又不怕死的
永远注视着前方的两只眼睛，
眼睛闭上了，如今却还活现在我的面前。

作为一位唯物论者，他的尸体
被埋葬在那棵栗子树下；
同志们给他撰写的墓碑铭：
“我准备着在任何时候都得站起来！”

（选自石川啄木：《墓碑铭》
明治四十四年（1911）六月）

汉日西译名对照表

三　画

门依　メムノン　[Memnon]
大卫　ダビデ　[David]
大普林尼　エルダー・プリニー　[Pliny the elder]
大西庇奥　エルダー・シピオ　[Scipio the elder]
小普林尼　少プリニー　[Pliny the younger]
马西　マルシー　[Marci]
马大　マリタ　[Martha]
马提亚　マルチアル　[Martial]
马西翁派　マルシオン派　[Marcionists]
马哈特瓦　マハデバ　[Mahedeva]
马尔舒尼派　マルシヨニスト
马夏康派　マルシャカン派
马卡斯・安多尼　マーカス・アントニアス　[Marcus Antonius]

四　画

贝赞特，安妮　アンニ・ベサント　[Annie Besant]
瓦巴顿　ワーバートン　[Warburton]
瓦朗西　ヴランシー　[Valentia]
厄罗噉　エロヒム　[Elohim]
厄斯鸠拉比阿斯　エスキュラピアス　[Aesculapius]
厄克西格斯，迪奥尼修　デオニシアス・エキシゲス　[Dionysius Exigeus]
巴尔　バール　[Baal]
巴利奥　バリオ　[Barrio]
巴里姆　バーリム　[Baalim]
巴拿巴　バルナバ　[Barnabas]
巴拉特　バーラス　[Baalath]
巴希奈底　バスネーデ　[Basilides]
巴克科斯　バッカス　[Bacchus]
巴德乌德，乔治　ジョーデ・バードウード　[George Birdwood]
爪奥　ジャオ　[Jao]
以利沙白　エリサベス　[Elizabeth]
边奇　ペーンキー　[Pianhi]

五　画

布拉克　ジヨン・エフ・プレーキ　[J. F. Blake]
布拉奇福德，罗伯特　ロバート・ブラッチフオド　[Robert Blatchford]
达尔威拉　ダルヴィエラ　[D'Alviella]
卡尔西　カリシ
卡斯塔　カスター　[Caster]
卡里古拉　カリゲラ　[Caligula]
卡提阿斯　カーチアス　[Cassius]
卡普克拉斯派　カポクラシアン
白里安　ゼー・ブライアント　[J. Bry-

ant]
尼禄　ネロ　[Nero]
圣米迦勒　聖ミカエル　[St. Michael]
司提反　ステパノ　[Stepheno]
加略人犹大　イスカリオテのユダ　['Ioudas 'Iskariotes]
艾赛尼派　エッセン派　[Essenoi]
艾雷内厄斯　イレネアス　[Irenaes]

六　画

安提阿　アンテオケ　[Antioch]
安得烈　アンデレ　[Andreas]
安妮·贝赞特　アンニ・ベサント　[Annie Besant]
安多尼奥·巴伊阿斯　アントニオ・バイアス　[Antoninus Pius]
齐尔勒尔　ツエルレル　[E. Zeller]
米迦勒　ミカエル　[Michael]
吉本　ギボン　[Edward Gibbon]
西门　シモン　[Simon]
西面翁　シメオン　[Symeon]
西贝尔　シベール　[Cybele]
西利阿　シリアス　[Silius]
西里拉斯·吕卡里斯　シリラス・ルカリス　[Cyrilius Lucaris]
亚里士多德　アリストートル　[Aristotelēs]
老普林尼　長プリニー　[Pliny the elder]
廷达尔,约翰　ジョン・チンダル　[J. Tyndale]
伊斯　イス　[Is]
伊艾斯　イエス　[Ies]
伊西丝　イシス　[Isis]
伊丽亚　イリヤ　[Elijah]
伊西塔　イシタル　[Ishtar]
伊赛里斯　イセリス　[Iselin]
伊索克拉特斯　イソクラテス　[Isokratēs]

朱诺　ジュノー　[Juno]
朱庇特　ジュピター　[Jupiter]
朱利阿斯　ジュリアス　[Jullias]
色列斯　セレス　[Ceres]
多赛特派　ドセテー派　[Docetists]
约维　ジョーヴ　[Jove]
约翰　ヨハネ　[John]
约瑟　ヨセフ　[Joseph]
约瑟弗斯　ジヨセフス　[Josephus]
毕塔卡斯　ピッタカス　[Pittakos]
毕达哥拉斯　ピタゴラス　[Pythagoras]

七　画

克雷门　クレメント　[Clement]
克雷门斯　クレメンス　[Clemens]
克里什那(黑天)　クリシナ　[Krishna]
克劳狄乌斯　クラウヂアス　[Claudius]
克里索斯特摩　クリソストモス　[Chrysostomos]
玛伊亚　マイア　[Maia]
玛丽亚　マリヤ　[Maria]
麦克林托克　マクリントク　[Mclintock]
苏艾托尼乌斯　シウトニアス　[Suetonius]
忒修斯　テュウス　[Theseus]
忒弥斯　タンムズ　[Tammuz]
怀特　ホワイト　[White]
迪翁　ヂオン　[Dion]
迪奥尼修　ジオニシアス　[Dionysius]
迪奥尼修·厄克西格斯　ヂオニシアス・エキシゲス　[Dionysius Exiguus]
伯拉斯　ベラス　[Belus]
伯尔萨斯　ペルシアス　[Perseus]
伯罗比斯　ペローペス　[Pelops]
伯里克蒂奥涅　ペリクチオネ　[Peric-

tione]
希律　ヘロデ　[Herodes]
希帕提亚　ヒパチヤ　[Hypatia]
希普利托斯　ヒツポリタス　[Hippolytos]
狄安娜　ヂアナ　[Diana]
狄奥多西　テオドシアス　[Diodosius]
犹西比乌斯　イウセビアス　[Eusebius]
阿舍　アシエル　[Asher]
阿里曼　アーリマン　[Ahriman]
阿里翁　アリオン　[Arion]
阿波罗　アポロ　[Apollo]
阿祇尼　アグニ　[Agni]
阿基老　アケラオ　[Archelaos]
阿尔巴依　アルバイル　[Arba-il]
阿尔噶斯　アルガス　[Arkas]
阿尼亚斯　アニアス　[Annius]
阿多尼斯　アドニス　[Adonis]
阿里斯顿　アリストン　[Ariston]
阿普加拉　アブガラス　[Abgarus]
阿斯塔特　アスタルト　[Astarte]
阿尔特美斯　アルテミス　[Artemis]
阿多梅托斯　アドメタス　[Admetos]
阿芙罗蒂特　アフロダイト　[Aphrodite]
阿西妥勒特　アシトレス　[Ashtoreth]
阿波罗尼阿斯　アポロニアス　[Apollonius]
阿泰那哥拉斯　アセナゴラス　[Athenagoros]
君士坦丁大帝　コンスタンチン帝　[Constantinus Ⅰ]

八　画

武尔坎　ヴルカン　[Vulcanus]
法非安　フラヴィアス　[Flavius]
法利赛　バリサイ　[Pharisee]
波索布尔　ボーソブル　[Beausobre]
宙斯　ジウス　[Zeus]
英曼　イルマン　[Ilusuma]
英诺森一世　インノセン一世　[Innocentius Ⅰ]
坦塔罗斯　タンタラス　[Tantalos]
坡里卡普　ポリカーブ　[Polycarp]
坡拉克斯　ポラックス　[Polyxene]
昆提里安　クインチリアン　[Quintilianus]
昆提阿斯・卡提阿斯　クインチアス・カーチアス　[Quintilianus Cassius]
图拉真　トラジャン　[Trajanus]
罗比斯　ロビス　[Roberts]
罗缪拉斯　ロミュラス　[Romulus]
罗伯特・泰勒　ロバート・テーラー　[Robert Tayler]
帕尔瓦蒂　パルバチ　[Parvati]
帕皮阿斯　パピアス　[Papias]
拉神　ラー神　[Ra]
拉德拿　ラードナー　[Lardner]
拉达曼托斯　ラダマンタス　[Rhadamanthys]
耶稣　ヤソ(エス)　[Jesus]
耶和华　エホバ　[Jehovah]
耶稣基督　ヤソキリスト　[Jesus Christ]
和散那　ホザナ　[Hosanna]
彼得　ペテロ　[Peter]
彼拉多,潘特奥　ポンテオ・ピラト　[Pontior Pilatos]
弥赛亚　メシヤ　[Messiah]
所罗巴伯　ゼルバベル　[Zerubbabel]

九　画

美斯拉　ミスラ　[Mithra]
美利塔　ミリタ　[Mylitta]
美诺斯　ミノス　[Minos]
美利阿姆　ミリアム　[Miriam]
美斯利达特斯　ミスリダテス　[Mith-

ridates]
施特劳斯　ストラウス　[D. F. Strauss]
查士丁　ジャスチン　[Justin]
查理一世　チャーレス一世　[Charles Ⅰ]
查士丁尼　ジャスチンネ　[Justinianus]
柏拉图　プラトー　[Platon]
哈拉　ハラ　[Hala]
毘湿奴　ヴィシヌ　[Visnu]
柔维那　ジウヴェナル　[Juvener]
保罗　バウロ　[Paulos]

十　画

莱克　ゼー・ダーブルュ・レーキ　[J. W. Lake]
莱亚　レア　[Rhea]
莱德　ピー・ビー・ラッド　[P. B. Ladd]
海德利安　ハドリアン　[Hadrian]
诺斯替教派　ノスチックの一派　[Gnosticism]
荷拉斯　ホーラス　[Horus]
泰风　タイホン　[Typhōn]
泰勒,罗伯特　ロバート・ラーラー　[Robert Tayler]
夏娃　エヴ　[Eve]
贾尔斯　ジイルス　[Giles]
特克拉　テクラ　[Martyr Thecla]
特洛斯　トロス　[Tros]
特吐里安　テルチュリアン　[Tertullian]
特拉毕特派　テラピウト派　[Therapeuts]
拿但业　ナタナエル　[Nathaniel]
拿撒勒　ナザレ　[Nazareth]

十一画

勒南　ジ・イー・ルナン　[J. E. Renan]
勒达　レダ　[Leda]
勒维　アルベール・レヴィユ　[Albert Réville]
勒玛斯　レマス　[Remus]
密多罗　ミトラ　[Mitra]
康德　カント　[I. Kant]
康萨　カンサ　[Kamsa]
梅里托　メリトー　[Melito]
梅勒底斯　イー・ピー・メレヂス　[E. P. Meredith]
萨拉　サラ　[Sara]
萨庇拉斯　サビナス　[Sabinus]
梵天　ブラーマ　[Brahma]
基督　キリスト　[Christ]
琐罗亚斯德　ゾロアスター　[Zoroaster]
维纳斯　ヴェナス　[Venus]

十二画

湿婆　シバ　[Śiva]
普林尼(小)　少プリニー　[Pliny the younger]
普林尼(老)　エルダ・プリニー　[Pliny the elder]
普鲁塔克　プルターク　[Plutarchos]
普罗米修斯　ブロメテアス　[Prometheus]
琼斯　イリアム・ジヨーンス　[William Jones]
斯多噶派　ストイック派　[the Stoics]
斯宾诺莎　スピノザ　[B. Spinoza]
斯特兰奇　ストレンヂ　[Judge Strange]
斯特拉波　ストラボー　[Strabon]
斯塔提阿　スタチアス　[Statius]
塔西佗　タシタス　[Tacitus]
斐洛　ヒロー　[Philo]

提庇留　テベリオ　[Tiberius]
提婆吉　デヴワキ　[Devaki]
提婆什　デヴワス　[Devash]
奥里金　オーリゼン　[Origen]
奥古士丁　アウガスタス　[Augustine]
奥尔斐斯　オルヒウス　[Orpheus]
奥西里斯　オシリス　[Osiris]
奥克尔别克　オーヘルベック　[Ohrbach]
奥尔穆兹德　オルムズド　[Ormuzd]
舒格勒尔　シュエグレル　[Schügerl]
雅各　ヤコブ　[Jacob]
腓力　ピリポ　[Philip]
黑天──→克里什那　[Krishna]

十三画

赖克　レイチ　[Reich]
塞尼卡　セネカ　[Seneca]
鲍威尔　アー・ビー・バウル　[I. B. Bauer]
鲍尔　フ・シー・バウル　[F. C. Baur]

十四画

赛尔苏　セルサス　[Celsus]
赛尔维阿那斯　セルヴィアナス　[Salvianus]
赫拉　ヘラ　[Hera]
赫胥黎　ハックスレー　[Huxley]
赫耳墨斯　ヘルメス　[Hermes]
赫拉克勒斯　ヘルキュレス　[Hercules]

十五画

墨丘利　マーキユリー　[Mercurius]
慕理拉　ムリラ　[Mrirà]
潘特拉　パンテラ　[Panthera]
摩西　モーゼ　[Moses]
摩奴　マヌー　[Manava]
摩洛克　モロック　[Molock]
摩舍姆　モシエーム　[Mosheim]
摩西・克勒特西　モーゼ・クレテンシス　[Moses Kouretenses]
撒坦　サターン　[Saturn]
撒旦　サタン　[Satan]
撒拉铁　シラテル　[Salathiel]
撒都该　サドカイ　[Sadducäer]
德尼斯　デニース　[Denys]
德・洛西　ド・ロッシー　[de Rossi]

十六画

霍茨曼　ホッツマン　[Housman]
霍夫曼　エム・ゼー・ホフマン　[M. J. Hoffman]

（东哲　编）

图书在版编目(CIP)数据

基督何许人也:基督抹杀论/(日)幸德秋水著;马采译.
—北京:商务印书馆,2017
(汉译世界学术名著丛书:120年纪念版:珍藏本)
ISBN 978-7-100-14793-4

Ⅰ.①基… Ⅱ.①幸… ②马… Ⅲ.①基督教—研究
—日本 Ⅳ.①B979.313

中国版本图书馆 CIP 数据核字(2017)第160912号

汉译世界学术名著丛书
(120年纪念版·珍藏本)
基督何许人也
——基督抹杀论
〔日〕幸德秋水 著
马采 译

商务印书馆出版
(北京王府井大街36号 邮政编码100710)
商务印书馆发行
北京冠中印刷厂印刷
ISBN 978-7-100-14793-4

2017年12月第1版　开本 710×1000 1/16
2017年12月北京第1次印刷　印张 9¼
定价:46.00元